PRIVACY OPERATIONS

Prática e Operacionalização da
Governança em Proteção de Dados

COORDENAÇÃO
Aline Fuke Fachinetti ▪ Rafael Marques
Tatiana Coutinho ▪ Tayná Carneiro

PRIVACY OPERATIONS

Prática e Operacionalização da
Governança em Proteção de Dados

AUTORES

Adriane Loureiro | Aline Fuke Fachinetti | Ana Rita Bibá Gomes de Almeida | Cecília Helena de Castro | Céu Serikawa Balzano | Diego Santos | Eduardo Beirouti de Miranda Roque | Fábio Aspis | Fellipe Branco | Fernanda Morgerote Abreu | Frederico Félix Gomes | Guilherme Tocci | Gustavo Corrêa Godinho | Henrique Fabretti Moraes | Josué Santos | Juliana Zangirolami | Lara Rocha Garcia | Leandro Antunes | Luis Fernando Prado | Luisa Abreu Dall'Agnese | Luiza Sato | Matheus Sturari | Monica Maia Ribeiro | Paulo Samico | Rafael Marques | Rodolfo Avelino | Samanta Oliveira | Tatiana Coutinho | Tayná Carneiro | Tiago Neves Furtado

FUTURE LAW   saraiva *jur*

■ Os Coordenadores deste livro e a editora empenharam seus melhores esforços para assegurar que as informações e os procedimentos apresentados no texto estejam em acordo com os padrões aceitos à época da publicação, e todos os dados foram atualizados pelos autores até a data da entrega dos originais à editora. Entretanto, tendo em conta a evolução das ciências, as atualizações legislativas, as mudanças regulamentares governamentais e o constante fluxo de novas informações sobre os temas que constam do livro, recomendamos enfaticamente que os leitores consultem sempre outras fontes fidedignas, de modo a se certificarem de que as informações contidas no texto estão corretas e de que não houve alterações nas recomendações ou na legislação regulamentadora.

■ Data do fechamento do livro: 18/09/2024

■ Os Coordenadores e a editora se empenharam para citar adequadamente e dar o devido crédito a todos os detentores de direitos autorais de qualquer material utilizado neste livro, dispondo-se a possíveis acertos posteriores caso, inadvertida e involuntariamente, a identificação de algum deles tenha sido omitida.

■ Direitos exclusivos para a língua portuguesa
Copyright ©2025 by
Saraiva Jur, um selo da SRV Editora Ltda.
Uma editora integrante do GEN | Grupo Editorial Nacional
Travessa do Ouvidor, 11
Rio de Janeiro – RJ – 20040-040

■ **Atendimento ao cliente: https://www.editoradodireito.com.br/contato**

■ Reservados todos os direitos. É proibida a duplicação ou reprodução deste volume, no todo ou em parte, em quaisquer formas ou por quaisquer meios (eletrônico, mecânico, gravação, fotocópia, distribuição pela Internet ou outros), sem permissão, por escrito, da **SRV Editora Ltda.**

■ Capa: Lais Soriano
Diagramação: Fabricando Ideias Design Editorial

■ **DADOS INTERNACIONAIS DE CATALOGAÇÃO NA PUBLICAÇÃO (CIP)
ODILIO HILARIO MOREIRA JUNIOR – CRB-8/9949**

P961   Privacy Operations: prática e operacionalização da governança em proteção de dados / Adriane Loureiro...[et al.] ; coordenado por Aline Fachinetti; Rafael Marques; Tatiana Coutinho; Tayná Carneiro. - São Paulo : Saraiva Jur, 2025.

208 p.
ISBN 978-85-5362-496-6 (Impresso)

1. Direito digital. 2. Inovação jurídica. 3. Privacy operations. 4. Proteção de dados. 5. LGPD. 6. Privacy by design. 7. Governança em privacidade. I. Loureiro, Adriane. II. Almeida, Ana Rita Bibá Gomes de. III. Castro, Cecília Helena de. IV. Balzano, Céu Serikawa. V. Santos, Diego. VI. Roque, Eduardo Beirouti de Miranda. VII. Aspis, Fábio. VIII. Branco, Fellipe. IX. Abreu, Fernanda Morgerote. X. Gomes, Frederico Félix. XI. Tocci, Guilherme. XII. Godinho, Gustavo Corrêa. XIII. Moraes, Henrique Fabretti. XIV. Santos, Josué. XV. Zangirolami, Juliana. XVI. Garcia, Lara Rocha. XVII. Antunes, Leandro. XVIII. Prado, Luis Fernando. XIX. Dall'Agnese, Luisa Abreu. XX. Sato, Luiza. XXI. Sturari, Matheus. XXII. Ribeiro, Monica Maia. XXIII. Samico, Paulo. XXIV. Oliveira, Samanta. XXV. Avelino, Rodolfo. XXVI. Furtado, Tiago Neves. XXVII. Fachinetti, Aline. XXVIII. Marques, Rafael. XXIX. Coutinho, Tatiana. XXX. Carneiro, Tayná. XXXI. Título.

                                                  CDD 340.0285
2024-2738   CDU 34:004

Índices para catálogo sistemático:
1. Direito digital   340.0285
2. Direito digital   34:004

Prefácio[1]

Ann Cavoukian[2]

Caros Leitores,

É com grande alegria que apresento o novo livro brasileiro *Privacy Operations*. É uma satisfação imensa ver cada vez mais pessoas e organizações sendo inspiradas a irem além da simples conformidade, adotando a privacidade como um elemento central de suas operações. Essa dedicação à privacidade ressoa profundamente com a minha paixão de toda a vida.

Como alguns de vocês já sabem, minha jornada com o *Privacy by Design* (*PbD*) começou há mais de duas décadas, impulsionada pela visão de prevenir de forma eficaz os danos à privacidade antes mesmo que eles ocorressem. Na época, como Comissária de Informação e Privacidade na Autoridade de Ontário, no Canadá, eu defendia uma abordagem proativa à privacidade, semelhante a um modelo médico de prevenção. Construí o *PbD* sobre sete princípios fundamentais, enfatizando a necessidade de incorporar proativamente a privacidade no *design* e na operação de sistemas de TI, infraestruturas em rede e práticas empresariais. Esses princípios servem para guiar as organizações a inovar enquanto protegem os dados pessoais. Não entrarei nos princípios aqui, pois há um capítulo neste livro totalmente dedicado ao *PbD*, em que você poderá explorar em profundidade como esses princípios podem ser aplicados de forma eficaz em sua organização.

---

[1] Traduzido do inglês pelos Coordenadores desta obra.

[2] Renomada especialista em privacidade e proteção de dados, conhecida mundialmente por criar o conceito de *Privacy by Design* (*PbD*). Exerceu o cargo de Comissária de Informação e Privacidade de Ontário, Canadá, por três mandatos consecutivos, onde promoveu uma abordagem proativa para a privacidade, integrando-a nas tecnologias, infraestruturas e práticas empresariais. Seu trabalho e os princípios fundamentais de *PbD* influenciaram políticas e regulamentações globais, estabelecendo um padrão para a proteção de dados em diversas indústrias. Além de sua atuação como comissária, é autora, palestrante e fundadora do Global Privacy and Security by Design Centre.

O conceito de *PbD* foi desenvolvido na minha mesa de cozinha durante três noites. Tratava-se de "cozinhar" a privacidade em todos os aspectos das operações, desde o início. Isso significa garantir que as medidas de proteção da privacidade sejam parte integrante dos processos de negócios, desde o momento da coleta de dados. Essa abordagem proativa não só tem o poder de abordar o déficit de confiança presente na sociedade hoje, mas também de fomentar relacionamentos comerciais fortes e duradouros baseados na transparência e na confiança.

Nas últimas décadas, o campo da privacidade e proteção de dados passou por transformações profundas. Este livro aborda tópicos contemporâneos de proteção de dados, como transparência, gestão de riscos de terceiros, gerenciamento eficaz de incidentes e manutenção de comunicação transparente com as autoridades. Esses elementos são cruciais para construir uma estratégia de privacidade resiliente e abrangente. Além disso, ele aborda modelos de maturidade, oferecendo *insights* sobre como melhorar estratégica e efetivamente seu programa de privacidade. Este livro nos lembra que a privacidade é uma jornada contínua, exigindo melhoria constante e dedicação.

Sempre acreditei que privacidade e inovação não são mutuamente exclusivas; e fico feliz em ver essa filosofia refletida em *Privacy Operations*. O *Privacy by Design* oferece resultados positivos, em que privacidade e inovação coexistem harmoniosamente. Este livro demonstra como as organizações podem implementar medidas proativas de privacidade para aproveitar todo o potencial das tecnologias baseadas em dados, enquanto protegem fortemente as informações pessoais. Alcançar esse equilíbrio é essencial no cenário tecnológico em rápida evolução de hoje, garantindo que progresso e proteção de dados caminhem lado a lado.

No nosso mundo movido a dados e IA, investir tempo e esforço nas suas operações de privacidade é mais crítico do que nunca. Dito isso, acredito que este livro irá inspirar aqueles que o lerem a levar a privacidade ainda mais a sério e a implementar as estratégias práticas que ele descreve. Esta abordagem estratégica e prática da privacidade captura a essência do que eu havia imaginado quando criei os sete princípios do *Privacy by Design*: um futuro em que a privacidade é respeitada, protegida e integrada de forma harmoniosa no "tecido" do nosso mundo digital. Juntos, espero que possamos tornar essa visão uma realidade!

Carta de apresentação
selo *Future Law*

Queridas e Queridos leitores,

É com grande satisfação que escrevemos esta carta de apresentação do selo *Future Law*. A *Future*, é assim que nos chamam os mais íntimos, é uma *EdTech* que tem por PTM[1] preparar e conectar os profissionais do Direito à realidade exponencial. Nascemos para contribuir nesse ambiente de grandes transformações por que passa a sociedade, a economia, e, portanto, o mundo jurídico. Rapidamente fomos abraçados por uma comunidade de carinhosos *future lawyers* que amam nossos *nanodegrees*, metodologias, *podcasts*, periódicos, livros e projetos especiais.

Nós esperamos que você tenha uma excelente experiência com a obra que está em suas mãos, ou no seu leitor digital. Cabe mencionar que o selo *Future Law* é a consolidação de uma forte e calorosa parceria com a Saraiva Jur. Buscamos sempre encantar nossos leitores, e, para tanto, escolhemos os melhores autores e autoras, todos expoentes nos temas mais inovadores, e com uma clara missão: rechear nossas publicações por meio de trabalhos práticos, teóricos e acadêmicos.

Do fundo de nossos corações, almejamos que advogadas(os), juízas(es), defensoras(es), membros do MP, procuradoras(es), gestoras(es) públicas(os) e privadas(os), *designers*, analistas de dados, programadoras(es), CEOs, CTOs, *venture capitalists*, estudantes e toda uma classe de profissionais que está nascendo sejam contempladas(os) pelo nosso projeto editorial.

Com a profusão e complexidade de temas abarcados pelo Direito, a *Future Law* se propõe a compreender como as Novas Tecnologias advindas

---

[1] PTM ou Propósito Transformador Massivo é uma declaração do propósito e objetivo maior da empresa. Representa um fator essencial na alavancagem organizacional, pois é o princípio que norteia as decisões estratégicas e os processos de criação e inovação. O Google, por exemplo, tem como PTM: "Organizar a informação do mundo". Ver: ISMAIL, Salim; VAN GEES, Yuri; MALONE, Michael S. *Organizações exponenciais*: por que elas são 10 vezes melhores, mais rápidas e mais baratas que a sua (e o que fazer a respeito). Alta Books, 2018.

da Quarta Revolução Industrial impactaram a sociedade e, por consequência, o Direito. Temas como Metaverso, NFTs, Inteligência Artificial, *Legal Operations*, Cripto, Ciência de Dados, Justiça Digital, Internet das Coisas, Gestão Ágil, Proteção de Dados, *Legal Design, Visual Law, Customer Experience, Fintechs, Sandbox, Open Banking* e *Life Sciences* estão difundidos ao longo de todas as nossas publicações.

Somos jovens, mas intensos. Até o ano de 2023, serão mais de 15 obras publicadas, paralelamente à publicação trimestral da *Revista de Direitos e Novas Tecnologias* (*RDTec*), coordenada pela *Future Law*, já caminhando para seu 22º volume.

Por meio deste projeto, alcançamos uma fração do nosso intuito, produzindo conteúdo relevante e especializado, a profissionais e estudantes obstinados, que compartilham do nosso propósito e que compreendem que o futuro do Direito será daqueles que, hoje, conseguirem absorver esse conhecimento e aplicá-lo em prol da inovação e de um Direito mais acessível, intuitivo, diverso, criativo e humano.

Não vamos gastar mais seu tempo... Passe para as próximas páginas e aproveite a leitura!

Primavera de 2023.

Tayná Carneiro | CEO | *Future Law*   Bruno Feigelson | Chairman | *Future Law*

Saiba mais sobre nossos projetos em:

Apresentação dos coordenadores

O que significa realmente implementar um Programa de Governança em Privacidade, do papel à prática? Como podemos garantir que a proteção de dados seja mais do que uma mera exigência regulatória, mas um valor intrínseco e uma prática diária? Você está pronto para navegar com a gente pelas complexidades da governança de dados e transformar a teoria em ação efetiva?

Bem-vindos à jornada contínua de *Privacy Operations*: Prática e Operacionalização da Governança em Proteção de Dados. Nós, Aline Fachinetti, Rafael Marques, Tatiana Coutinho e Tayná Carneiro, conseguimos a proeza de reunir uma verdadeira constelação de profissionais que, com todos os erros e acertos que só uma jornada profissional real pode oferecer, está na vanguarda do desenvolvimento de soluções práticas para os desafios da privacidade e proteção de dados pessoais – e que aceitaram, sem ressalvas, compartilhar os *insights* práticos e *benchmarks* do que funciona de verdade nos programas de proteção de dados em que atuam ou atuaram.

Nosso objetivo com a publicação desta obra é fornecer um guia prático e abrangente para todos que desejam aprofundar seus conhecimentos e habilidades na operacionalização de programas de governança em proteção de dados. Abordamos desde a análise profunda do art. 50 da Lei Geral de Proteção de Dados Pessoais (LGPD), destacando a importância de um Programa de Governança em Proteção de Dados no ambiente corporativo, até a descrição do papel crucial da tecnologia na governança de dados. Exploramos ferramentas e técnicas para garantir a eficácia contínua do programa, apresentando estudos de caso de empresas que monitoram e sustentam suas medidas de proteção de dados com sucesso. Discutimos a relevância de *Legal Ops* e como integrar esses aspectos operacionais ao programa de proteção de dados.

Este livro fornece a você métodos, práticas e formas de atuação prática na manutenção estratégica de um programa de governança em privacidade e proteção de dados pessoais. Abordaremos os principais pontos de contato entre as áreas internas e os projetos idealizados, além de como mensurar todas as iniciativas e entregar valor ao negócio, considerando as necessidades regulatórias que se apresentam.

Talvez, no ambiente jurídico, o termo *Legal Ops* seja mais difundido. Aqui, queremos detalhar e estabelecer parâmetros específicos para cada uma das iniciativas necessárias ao desenvolvimento e manutenção de um programa de privacidade.

Passaremos pelos principais aspectos para garantir a manutenção dessa governança, incluindo a integração entre equipes, a implementação de políticas eficazes, a avaliação contínua de conformidade e a adaptação às mudanças regulatórias. Nosso objetivo é equipar você com o conhecimento necessário para criar um ambiente robusto e resiliente em termos de privacidade e proteção de dados.

A definição e implementação de métricas relevantes é crucial. Abordamos como identificar essas métricas, alinhar expectativas da alta liderança e promover a colaboração entre departamentos, utilizando *OKRs* para garantir o entendimento de todos os envolvidos. No que tange ao mapeamento e registro das operações de tratamento de dados pessoais, exploramos não apenas a conformidade com o art. 37 da LGPD, mas também o valor estratégico do registro de atividades de dados. Propomos uma abordagem de eficiência operacional que agrega valor às áreas de negócio.

A conscientização contínua é um pilar essencial. Abordamos estratégias eficazes para gerenciar programas de conscientização, medindo seu sucesso e impacto, e apresentamos cases focados na LGPD. Operacionalizar a governança exige estruturas organizacionais sólidas, políticas e normas internas robustas. Discutimos o famoso conceito de *Privacy by Design* e como adotá-lo eficazmente desde a concepção de projetos, garantindo que a privacidade seja uma consideração central de projetos e iniciativas.

Garantir os direitos dos titulares de forma eficaz também é fundamental. Discutimos *SLAs (Service Level Agreement)*, operadores, fluxos e procedimentos para garantir conformidade. A gestão de terceiros é outro aspecto crítico; e exploramos estratégias para gerenciar riscos e modelos de *due diligence*. Em termos de relações institucionais e comunicação de incidentes, fornecemos diretrizes para lidar com autoridades reguladoras e gerenciar a resposta a ofícios e auditorias.

A transparência é a chave para a confiança. Discutimos *frameworks* de transparência e a aplicação de técnicas de *Legal Design* para tornar informações efetivamente acessíveis e compreensíveis. Ferramentas para construir painéis de controle do programa de privacidade são apresentadas, facilitando a coleta, análise e apresentação de dados relevantes. Finalmente, exploramos diferentes modelos de maturidade em proteção de dados, destacando a importância de definir modelos claros, como de autoridades europeias e o Índice de Maturidade LGPD.

Este livro é um convite para que você, profissional da área de privacidade e proteção de dados (ou que queira adentrar nessa área), refine suas práticas e responda com eficácia às crescentes demandas dos negócios e autoridades. Estamos aqui para ajudar você a não apenas se adaptar, mas liderar na era da informação, promovendo uma cultura de privacidade que seja inovadora.

Prepare-se para uma leitura provocativa, cheia de *insights* e práticas que transformarão sua abordagem à privacidade e proteção de dados. Junte-se a nós nesta jornada e esteja na vanguarda da proteção de dados no Brasil e no mundo!

Boa leitura!

Aline Fuke Fachinetti
Rafael Marques
Tatiana Coutinho
Tayná Carneiro

Sumário

Prefácio V
Carta de apresentação selo Future Law VII
Apresentação dos coordenadores IX
Introdução 1

Capítulo 1
GOVERNANÇA EM PRIVACIDADE E PROTEÇÃO DE DADOS: DO PROJETO AO PROGRAMA
Gustavo Corrêa Godinho 5

Capítulo 2
PRIVACY OPERATIONS: COMPETÊNCIAS DE *LEGAL OPS* APLICADAS À PRIVACIDADE E PROTEÇÃO DE DADOS PESSOAIS
Aline Fuke Fachinetti, Guilherme Tocci, Paulo Samico 13

Capítulo 3
MÉTRICAS E INDICADORES DE *PRIVACY OPS*
Lara Rocha Garcia, Luisa Abreu Dall'Agnese 26

Capítulo 4
REGISTRO DE ATIVIDADE DE TRATAMENTO DE DADOS PESSOAIS – DO *COMPLIANCE* À EFICIÊNCIA
Cecília Helena de Castro, Fernanda Morgerote Abreu 37

Capítulo 5
CONSCIENTIZAÇÃO 5.0: EFICÁCIA, CULTURA E MUDANÇA DE COMPORTAMENTO
Aline Fuke Fachinetti, Céu Serikawa Balzano 45

Capítulo 6
OPERACIONALIZAÇÃO INTERNA DA GOVERNANÇA, POLÍTICAS E PROCEDIMENTOS
Ana Rita Bibá Gomes de Almeida, Eduardo Beirouti de Miranda Roque ... 55

Capítulo 7
PRIVACY BY DESIGN NA PRÁTICA: OPERACIONALIZANDO A PROTEÇÃO DE DADOS EM PROJETOS, PRODUTOS E INICIATIVAS
Adriane Loureiro, Aline Fuke Fachinetti, Fábio Aspis 68

Capítulo 8
DIREITOS DOS TITULARES 5.0: OPERACIONALIZANDO A GESTÃO DE DIREITOS DE FORMA EFICAZ
Aline Fuke Fachinetti, Rafael Marques, Samanta Oliveira 79

Capítulo 9
GESTÃO DE TERCEIROS PARA EMPRESAS ÁGEIS: DESAFIOS E SOLUÇÕES
Frederico Félix Gomes 89

Capítulo 10
RELAÇÕES INSTITUCIONAIS – OPERACIONALIZANDO A COMUNICAÇÃO DE INCIDENTE E DEMAIS TRATATIVAS COM A AUTORIDADE NACIONAL DE PROTEÇÃO DE DADOS
Luiza Sato, Matheus Sturari 96

Capítulo 11
GESTÃO EFETIVA DE INCIDENTES DE SEGURANÇA COM DADOS PESSOAIS
Rafael Marques, Tatiana Coutinho 107

Capítulo 12
GESTÃO DE ADERÊNCIA E INTERFACE ENTRE DPOS E CISOS: SINERGIA NAS ÁREAS DE PRIVACIDADE E SEGURANÇA DA INFORMAÇÃO NA PRÁTICA
Leandro Antunes, Rodolfo Avelino 117

Capítulo 13
FRAMEWORKS DE TRANSPARÊNCIA E APLICAÇÃO DE LEGAL DESIGN
Tiago Neves Furtado, Fellipe Branco 126

Capítulo 14
FERRAMENTAS PARA A CONSTRUÇÃO DE MODELOS DE PAINÉIS DE CONTROLE DO PROGRAMA DE PRIVACIDADE
Monica Maia Ribeiro 135

Capítulo 15
MODELOS DE MATURIDADE EM PROTEÇÃO DE DADOS
Henrique Fabretti Moraes, Juliana Zangirolami 142

Capítulo 16
AVALIAÇÃO DE MATURIDADE EM PROTEÇÃO DE DADOS
Luis Fernando Prado 158

Capítulo 17
A ARTE DA PROTEÇÃO DE DADOS: ESTRATÉGIAS DE *PRIVACY OPERATIONS* NA GOVERNANÇA DE INFORMAÇÕES
Josué Santos 167

Capítulo 18
FERRAMENTAS AVANÇADAS PARA GESTÃO DE IA
Diego Santos 174

Conclusão 189
Guia de consulta rápida Privacy Ops 191

Introdução

Aline Fuke Fachinetti[1]
Rafael Marques[2]
Tatiana Coutinho[3]
Tayná Carneiro[4]

Imagine um dia típico na vida de um profissional de proteção de dados que ainda não adota uma abordagem estratégica em sua função. O dia

---

[1] LL.M em Innovation, Technology and the Law na University of Edinburgh, como Chevening Scholar. Especialista em Direito Empresarial pela FGV Direito SP e bacharel em Direito pela PUC-SP. Advogada. Cofundadora e Diretora da Associação Juventude Privada. 40 under 40 pelo Global Data Review e Fellow of Information Privacy pela IAPP. IAPP Women Leading Privacy Section Leader e ex-membro do conselho consultivo da IAPP Women Leading Privacy Board. Certificada como AI Governance Professional (AIGP), DPO Brasil (CDPO/BR), Privacy Manager (CIPM), Privacy Professional Europe (CIPP) e Google Project Management. Curso Executivo de Gestão e Inovação em Projetos na ISCTE Lisboa e de Privacy and AI Law and Policy na Universidade de Amsterdam. Gerente Sênior de Proteção de Dados na Edenred para a região Américas (LATAM e EUA). E-mail de contato: alineff@adv.oabsp.org.br.

[2] Advogado especializado em Direito Empresarial, Direito Digital, Privacidade e Proteção de Dados Pessoais, com certificações CIPM e CDPO/BR. Professor convidado em cursos de pós-graduação em Direito Digital, Proteção de Dados e Inteligência Artificial. Coordenador do curso Privacy Operations na Future Law. Atualmente, cursando MBA em Data Science e Analytics na USP/Esalq. Membro da Comissão de Direito Digital da OAB/SP, membro da Forbes BLK, Pesquisador no GITEC/FGV-SP e *host* do Flycast.

[3] Sócia da área de Data Privacy e Cybersecurity e Inteligência Artificial no escritório Lima ≡ Feigelson Advogados. Especializada em Processo Civil, Governança em Tecnologia da Informação, Privacidade e Proteção de Dados Pessoais, Regulação e Novas Tecnologias e Direito Digital. CIPM e CDPO/BR pela IAPP, DPO EXIN, Auditora Interna do Sistema de Gestão de Segurança da Informação, Pesquisadora no Ethics4AI, membro da Coalização Dinâmica sobre Governança de Dados e Inteligência Artificial pela FGVRJ no IGF da ONU, Coordenadora dos Cursos LGPD & Resolução de Conflitos e Privacy Operations na Future Law, Coordenadora da Coluna Regulação e Novas Tecnologias no *JOTA*. Práticas Notáveis em Privacy pela Leaders League 2024, Escritora, Mentora e Palestrante.

[4] Doutoranda em Direito pela Universidade de São Paulo (USP), Mestre e Bacharel em Direito pela Universidade do Estado do Rio de Janeiro (UERJ). CEO da Future Law. Coordenadora da Revista de Direito e as Novas Tecnologias (RDTec-RT). Foi fellow do programa internacional da Universidade de Kobe no Japão. Professora e Coordenadora convidada do Ibmec, abordando os temas Direito e Inovação. Advogada, pesquisadora e professora atuante nas áreas de Web2 e Inovação no Direito. E-mail de contato: tayna@futurelaw.com.br.

começa com uma avalanche de e-mails urgentes: o primeiro deles, um incidente de vazamento de dados foi reportado na mídia durante a noite e agora ele precisa gerenciar a crise. Em outro e-mail, ele verifica que existem três contratos críticos na "fila" a serem analisados com urgência, ainda hoje. Em seguida, ele acessa a caixa de e-mail de privacidade e percebe que tem solicitações de titulares de dados acumuladas e sem resposta do período em que saiu de férias. Ainda, recebe um e-mail do marketing relatando que um cliente está perguntando de onde seus dados foram obtidos, e ele não tem ideia – nem o time de marketing – e precisa de sua ajuda para ligar para o cliente explicando que "cumprem a LGPD" e salvar o dia.

No meio de toda essa confusão, um ofício da ANPD chega, pedindo esclarecimentos sobre uma reclamação de SPAM enviada a um titular. O profissional não sabe o que fazer nem como se cadastrar no sistema da ANPD para conseguir responder. Desmotivado, ele entra no *LinkedIn* para procurar vagas de emprego e, para sua surpresa, se depara com um *post* da sua própria empresa sobre um novo produto incrível, cheio de dados pessoais sensíveis e análise preditiva de dados – um projeto que ele nunca sequer ouviu falar e que, claramente, jamais passou por uma análise de privacidade antes de ser desenvolvido, apesar de ele ter publicado a Política Interna de Proteção de Dados, o procedimento específico de *Privacy by Design* e o treinamento mandatório na plataforma interna de educação da empresa há mais de dois anos.

Sem métricas claras para acompanhar o desempenho das atividades que ele e seu time conduzem e do progresso do programa de proteção de dados, ele acaba trabalhando de maneira reativa, lidando com problemas conforme eles surgem. Ele até tem um plano de ação e de "arestas" a aparar no programa, mas são muito focados na letra da lei e com uma perspectiva de evitar multas, e não de estratégia e eficácia. Quando chega o período de defesa de orçamento perante a Diretoria, ele pensa em pedir mais recursos e aumentar sua equipe, mas se frustra, pois "eles simplesmente não entendem a complexidade" do trabalho que ele realiza. As auditorias internas são momentos de muita tensão, focadas em cumprir os requisitos mínimos para evitar problemas para a sua área, mas sem uma visão de longo prazo para melhorias. A cada dia, ele se sente sobrecarregado, apagando incêndios e tentando manter o controle de um programa de privacidade que parece estar sempre correndo atrás do prejuízo.

Agora, imagine o dia de uma DPO que adota uma abordagem estratégica e integra o que chamaremos de competências e estratégias de

Privacy Operations em suas atividades, aplicando uma mentalidade de *Ops* ao conduzir seu programa. Seu dia começa com uma reunião rápida com a equipe, onde revisam os indicadores do programa e discutem o progresso em relação aos *OKRs* trimestrais. Eles identificam áreas que precisam de atenção antes que se tornem problemas e ajustam suas ações com base em dados concretos. Ela tem um plano claro para lidar com solicitações de titulares de dados, garantindo que sejam respondidas de forma eficiente e até antes do atingimento dos prazos legais. As auditorias são vistas como oportunidades de aprendizado e melhoria contínua, e não apenas como um *checklist* obrigatório.

Durante o dia, essa DPO realiza análises de riscos proativas e implementa medidas preventivas para evitar incidentes e usos indevidos de dados. As diferentes áreas da empresa já a procuram com pré-avaliações de impacto realizadas, mostrando o que fizeram para mitigar riscos de proteção de dados, buscando seus *insights* formais de privacidade para garantir que novos projetos e ideias estejam em conformidade desde o início. Ela conquistou um orçamento relevante ao longo do tempo, em parceria com outras áreas da empresa, e, portanto, utiliza tecnologias avançadas para monitorar e proteger os dados e mantém uma comunicação aberta e transparente com todos os *stakeholders*, desde a diretoria, colaboradores internos até os clientes.

Além disso, ela se prepara para uma apresentação à Diretoria, em que destacará os indicadores mais relevantes para demonstrar o ROI do programa de privacidade e defender o orçamento do próximo ciclo. Sua análise mostra para os principais tomadores de decisão do negócio como as iniciativas de privacidade não apenas cumprem as exigências legais, mas também geram valor para a empresa, fortalecendo a confiança dos clientes, gerando diferencial competitivo e melhorando a eficiência operacional de outras áreas. Claro, problemas e surpresas – nem sempre agradáveis – também aparecem no dia dessa DPO (principalmente às sextas-feiras, como de praxe no mundo da privacidade e proteção de dados). Afinal, não dá para sermos utópicos. Mas, ao menos, ela não vive só de apagar incêndios e sabe que eventuais problemas que surgirem ao longo do caminho serão uma oportunidade para aprimorar fluxos e processos existentes, que já possuem certa maturidade, retroalimentando sua estratégia.

Esses dois cenários ilustram bem a diferença que adotar uma abordagem estratégica de *Privacy Operations* pode fazer. Enquanto o primeiro profissional luta para não se afogar nos diversos (e crescentes) problemas, a segunda atua com mais segurança e eficácia, promovendo a privacidade e a proteção de dados em uma vantagem competitiva, parte integral do negócio e algo que merece ter um lugar à mesa. Aliás, mesmo que alguns dos pontos dos cenários apresentados possam parecer a materialização da lei de Murphy ou, simplesmente, exagerados (e esperamos que sejam), pedimos licença poética para ilustrar a realidade de muitos profissionais, ainda que em menor grau ou de forma esparsa.

Ainda, apesar de acreditarmos profundamente no poder de implementar Privacy Operations e na nova perspectiva que isso traz para programas e para o próprio mercado de proteção de dados, reconhecemos que nem sempre é simples promover essa mudança em uma organização ou propor isso a um cliente, no caso de profissionais que prestam serviços de proteção de dados. As barreiras culturais, orçamentárias e operacionais podem parecer (e ser, em alguns casos) intransponíveis. Nem todo DPO que adotar novas atitudes será plenamente bem-sucedido se estiver em um ambiente patentemente irresponsável. No entanto, a pergunta que sugerimos que cada profissional interessado no tema se faça é: qual é o papel que podemos, proativa e conscientemente, desempenhar para tornar essa transformação uma realidade? Se você está com esta obra em mãos, sabemos que está pronto para dar esse passo.

Nosso objetivo é olhar para a carreira de cada profissional e ajudar aqueles que desejam desenvolver suas competências, elevar sua atuação a outro patamar e, de quebra, impulsionar o próprio ecossistema de proteção de dados. Como profissionais nesta área tão relevante para a sociedade em que vivemos, temos a responsabilidade de liderar pelo exemplo. E, claro, mesmo sabendo bem que privacidade e proteção de dados não são tarefas que uma única pessoa pode realizar sozinha –, mas sim um esforço coletivo, um verdadeiro trabalho de equipe, podemos começar (individual ou coletivamente) promovendo pequenas vitórias, demonstrando o valor agregado da privacidade bem implementada e construindo *cases* que mostrem que a proteção de dados não é apenas uma exigência legal, mas também uma oportunidade.

É por isso que esta obra reúne tantas ideias e *insights* práticos – para além da letra da lei – para que você possa iniciar ou aprimorar seu programa de governança em privacidade, em todos os seus pilares essenciais. Ao cultivar uma mentalidade de melhoria contínua, inovação, criatividade e colaboração, podemos, passo a passo, ajudar nossas organizações e clientes a reconhecerem o poder transformador de uma abordagem estratégica de *Privacy Operations*. Vamos começar?

CAPÍTULO 1
Governança em privacidade e proteção de dados: do projeto ao programa

Gustavo Corrêa Godinho[1]

INTRODUÇÃO

Seis anos após a publicação oficial da LGPD[2] no Brasil, lá em agosto de 2018, hoje podemos afirmar que a governança em privacidade e proteção de dados (P&PD) tornou-se um componente essencial para a sustentabilidade e para a confiança de qualquer organização. Certo? Bom... Talvez. A realidade é que nem todas as organizações (empresas, entidades, escritórios de advocacia, autarquias etc.), profissionais ou muito menos a grande maioria dos próprios titulares de dados perceberam o quão estratégico e relevante esse tema realmente é/pode ser. E é justamente aí que aqueles que adotam boas práticas de proteção de dados e desenvolvem programas robustos de governança se destacam.

Um programa de governança eficaz em P&PD, na visão da amiga e profissional de ponta Aline F. Fachinetti, vai muito além da simples integração de políticas, procedimentos e tecnologias que assegurem a proteção contínua das informações[3]. Ele é fundamental à mitigação de riscos, à manutenção dos requisitos legais/normativos e das melhores

---
[1] Executivo Jurídico e Profissional de P&PD. Formado em Direito pela UNIFMU e Pós-graduado em Direito e Economia nos Negócios pelo CEDES. Responsável por estruturar e implementar um programa de adequação de P&PD em 3 grandes empresas. Palestrante e Professor convidado em diversas instituições de ensino. Membro e Diretor do Instituto do Jurídico sem Gravata. Membro da IAPP | LGPD Acadêmico. Profissional com Certificado Internacional de Privacy Management Professional pela ONETRUST. Entusiasta em tecnologia, advocacy e IA. Eleito por pares, por 2 vezes consecutivas (Compliance on Top 2022 e 2023), como um dos 5 profissionais de P&PD mais admirados do Brasil.
[2] BRASIL. Lei n. 13.709, de 14 de agosto de 2018. Lei Geral de Proteção de Dados Pessoais (LGPD). Disponível em: http://www.planalto.gov.br/ccivil_03/_ato2015-2018/2018/lei/L13709.htm. Acesso em: 16 jun. 2024.
[3] FACHINETTI, Aline Fuke. Como promover um programa eficaz de proteção de dados pessoais. *JOTA*, 28 nov. 2023. Disponível em: https://www.jota.info/opiniao-e-analise/artigos/como-promover-um-programa-eficaz-de-protecao-de-dados-pessoais-28112023. Acesso em: 16 jun. 2024.

práticas, e, acima de tudo, para a construção de relacionamentos sólidos, transparentes e duradouros com clientes, parceiros e *stakeholders*. Um programa bem-implementado promove uma cultura de P&PD dentro (e por que não fora?) da organização, tornando a proteção de dados parte integral da operação diária.

Aqui, irei explorar alguns dos elementos-chave para a implementação e manutenção de um programa de governança em P&PD, destacando sua importância e os pontos que devem ser priorizados. Meu objetivo é trazer *insights* tanto para profissionais que já estão na jornada de aprimoramento de seus programas quanto para aqueles que desejam entrar no mercado de P&PD ou aprender mais sobre ele. Afinal, é com uma preparação abrangente e aprofundada que podemos transformar a garantia da privacidade e a proteção de dados em mais do que uma obrigação legal – em uma vantagem competitiva e um diferencial estratégico. Como costumo dizer, isso é "vender a LGPD pelo amor". Como aqueles que compõem esta obra e tantos profissionais sérios do Brasil aspiram, alavancar a proteção de dados é um caminho para se destacar em um mercado cada vez mais consciente e exigente em relação à P&PD.

1. PROJETO OU PROGRAMA?

Começo o artigo reforçando com vocês um ponto que trago há anos; e, apesar dos esforços, ainda não vejo 100% "resolvido" no mercado. Quando falamos em governança de P&PD, é crucial diferenciar um "programa" de um "projeto". A diferença não é meramente semântica; ela influencia diretamente na abordagem, na execução e, mais importante, na continuidade das práticas de proteção de dados dentro de uma organização.

Um projeto, por definição, tem início, meio e fim. É uma iniciativa com escopo naturalmente delimitado, bem como com resultados esperados em um período específico. No entanto, P&PD não podem ser tratadas como um evento pontual. Elas exigem um esforço contínuo, constante e evolutivo. Por isso, ao invés de um projeto, implementamos um programa de governança ou, como já chamei no passado, "jornada"[4].

---

[4] GODINHO, Gustavo. Capítulo 17. Complexidades na Implementação da LGPD em Multinacionais. In: PALHARES, Felipe. *Temas Atuais de Proteção de Dados*. São Paulo: Revista dos Tribunais, 2020. Acesso em: 16 jun. 2024.

Mesmo eu, que no passado, na gestão de implementação do projeto LGPD, já via desde estes primórdios que, diferente de um projeto, um programa ou jornada de P&PD, precisa ser contínuo. Isso significa que, ao invés de termos uma linha de chegada, temos uma trajetória de constante esforço, entregas e aperfeiçoamento. A proteção de dados pessoais deve ser revisitada regularmente, com adaptações e melhorias sendo incorporadas conforme surgem novas regulamentações, ameaças e tecnologias. Este ciclo contínuo permite que a organização permaneça atualizada e resiliente frente às mudanças.

Um programa de governança de P&PD deve estar intimamente integrado à estratégia corporativa da organização. Isso envolve a participação ativa da alta liderança, o cascateamento deste envolvimento/preocupação/interesse (*tone at the top*) e a incorporação de objetivos de privacidade nas metas organizacionais. A governança de dados não deve ser vista como uma iniciativa isolada do departamento de tecnologia da informação (TI), segurança da informação (SI) ou mesmo do Jurídico, mas sim como um componente de vinculação para o sucesso e a sustentabilidade do negócio.

Cultivar uma cultura organizacional que valorize a P&PD é um dos pilares de um programa eficaz. Isso começa com a conscientização de todos os colaboradores sobre a importância da proteção de dados e se estende à implementação de políticas e práticas que promovam o respeito e a responsabilidade em relação ao uso de informações pessoais. Para isso, é essencial investir em treinamentos e capacitações contínuos, *workshops* e campanhas de conscientização que mantenham a privacidade como uma prioridade diária. Uma cultura forte em P&PD ajuda a prevenir incidentes de segurança e fortalece a confiança dos *stakeholders* de uma organização.

Além disso, a estrutura de governança deve ser robusta e bem definida, com papéis e responsabilidades claramente (e documentalmente) delineados. Isso inclui a nomeação de um Encarregado de Proteção de Dados (DPO), a formação ou composição em comitês e a criação de canais de comunicação eficazes para reportar e resolver questões de privacidade. Falando em nomeação do DPO (e respectiva atuação), vale uma atenção especial à "fresquinha" Resolução CD n. 18 publicada pela Autoridade Nacional de Proteção de Dados (ANPD) em julho de 2024[5].

---

[5] BRASIL. Resolução CD n. 18 da Autoridade Nacional de Proteção de Dados (ANPD). Dispo-

Para garantir a eficácia do programa de governança em P&PD, é crucial implementar processos de monitoramento e avaliação contínua. Isso envolve a (i) realização de auditorias periódicas, (ii) a utilização de métricas de desempenho e (iii) revisão constante das políticas e procedimentos de P&PD.

Ainda, como sabemos, P&PD são campos dinâmicos, com regulamentações e tecnologias em constante evolução. Um programa de governança eficaz deve ser flexível e capaz de se adaptar rapidamente a essas mudanças. Isso inclui a atualização de políticas e procedimentos, a implementação de novas tecnologias de proteção de dados e a reavaliação das práticas de governança conforme necessário.

Portanto, gerir a privacidade como um programa, e não um projeto, é essencial para garantir a sustentabilidade e a eficácia das práticas de proteção de dados de forma recorrente. Ao adotar uma abordagem contínua e integrada, as organizações não apenas cumprem suas obrigações legais, mas também constroem uma cultura de P&PD que fortalece a confiança e a resiliência. A jornada é contínua, com desafios e oportunidades em cada passo do caminho, mas é uma jornada que vale a pena acreditar e empreender.

2. MELHORES PRÁTICAS DO PROGRAMA E O ART. 50 DA LGPD

Agora, vamos falar um pouco sobre o art. 50 da LGPD, que é praticamente um mapa do tesouro para quem trabalha com P&PD (os nossos queridos *Privacy Pros*). Mais do que apenas seguir regras, esse artigo ajuda DPOs a terem uma abordagem estratégica e mais proativa, essencial para criar uma cultura sólida de P&PD dentro das organizações.

As áreas de P&PD não estão nas organizações apenas para apagar incêndios, ou pelo menos não deveriam estar, mas para construir práticas que previnam problemas antes que eles ocorram. Isso transforma a privacidade de uma reação a um incidente para uma fundação sólida do negócio.

Outras provocações podem ser percebidas das melhores práticas previstas em lei e fomentadas na LGPD: Você sabe exatamente onde

---

nível em: https://www.in.gov.br/en/web/dou/-/resolucao-cd-anpd-n-18-de-16-de-julho-de-2024-572632074. Acesso em: 19 jul. 2024.

estão seus dados? O mapeamento detalhado e contínuo dos dados é a base para qualquer programa de P&PD eficaz. Saber o que você tem, onde está e como é usado é crucial. Sem isso, como podemos proteger o que nem sabemos que existe?

As boas práticas recomendadas pelo art. 50 são mais do que dicas; são estratégias para fomentar uma cultura de P&PD. Como estamos integrando essas práticas no dia a dia da empresa? Estamos apenas cumprindo normas ou realmente vivenciando a privacidade como um valor?

O próprio Governo Federal, reconhecendo a importância da privacidade e da proteção de dados, disponibiliza diversos materiais sobre o tema. Um desses recursos é o "Guia para Implementação de Programa de Governança em Privacidade", que oferece orientação sobre como as organizações podem estruturar e manter programas eficazes de governança de privacidade[6], com foco em colocar de pé alguns dos requisitos da LGPD e do próprio art. 50. Esse guia aborda os princípios fundamentais de privacidade e as práticas recomendadas para assegurar a conformidade e a proteção contínua dos dados pessoais, sendo um recurso que pode ser útil para profissionais e organizações que buscam desenhar ou fortalecer seus programas.

Após toda a estruturação e implementação das melhores práticas, um ponto crucial, que também é abordado no art. 50 da LGPD, e que quero reforçar, é a necessidade de o Controlador demonstrar a efetividade do programa de governança em privacidade. Isso implica não apenas a implementação de tudo isso que discutimos até aqui, mas a prova contínua de que estas práticas e políticas funcionam. Claro que o artigo traz certa "justiça" a esta obrigação e detalha uma série de requisitos que devem ser observados, como a estrutura, a escala e o volume das operações, além da sensibilidade dos dados tratados e a probabilidade e gravidade dos danos para os titulares. Assim, a conformidade não só pode, como deve ser adaptada às especificidades de cada organização (seja ela de grande ou pequeno porte), garantindo que o programa seja robusto e eficaz, ou seja, uma *startup* possivelmente não terá o mesmo programa de uma empresa mais tradicional e com anos de mercado, com suas estruturas complexas e potenciais

---

[6] GOVERNO DIGITAL. Guia para Implementação de Programa de Governança em Privacidade. Disponível em: https://www.gov.br/governodigital/pt-br/privacidade-e-seguranca/ppsi/guia_programa_governanca_privacidade.pdf. Acesso em: 16 jul. 2024.

bases legado pré-existentes. As definições sobre agentes de tratamento (Controlador e Operador) de pequeno porte, microempresas, *startups*, dentre outras, podem ser encontradas na Resolução CD/ANPD n. 2, de 27 de janeiro de 2022[7].

3. SUSTENTAÇÃO E APRIMORAMENTO

Manter e aprimorar um programa de governança em P&PD é um desafio contínuo e dinâmico. Implementar políticas e procedimentos é apenas o ponto de partida. Para que um programa de governança se torne verdadeiramente eficaz e sustentável, ele precisa ser visto como um organismo vivo, que cresce e se adapta às mudanças do ambiente regulatório, tecnológico e organizacional.

Primeiramente, é essencial reconhecer que a privacidade não é uma preocupação isolada de um departamento específico, mas sim uma responsabilidade compartilhada por toda a organização. A cultura de P&PD deve permear todos os níveis hierárquicos e áreas funcionais. Isso requer um esforço constante de educação e conscientização. Campanhas regulares de treinamento e sensibilização ajudam a manter todos os colaboradores atualizados e engajados com as práticas de proteção de dados. Uma equipe bem-informada é uma linha de defesa robusta contra incidentes de segurança.

A revisão periódica das políticas e procedimentos é outro pilar da sustentação. O ambiente regulatório está em constante evolução, e novas ameaças de segurança emergem regularmente. Auditorias internas e externas são ferramentas valiosas para identificar pontos de melhoria e garantir a conformidade contínua. Além de serem um *check-up* necessário, essas auditorias são oportunidades para ajustes que podem antecipar problemas futuros.

Um aspecto crítico é a medição da efetividade do programa. Não basta implementar políticas; é necessário demonstrar que elas funcionam. Indicadores-chave de desempenho (KPIs) devem ser definidos para monitorar o sucesso das iniciativas de privacidade. Isso inclui métricas como o número de incidentes de segurança, o tempo de resposta a solicitações dos titulares e o nível de conformidade com os requisitos

---

[7] BRASIL. Resolução CD/ANPD n. 2, de 27 de janeiro de 2022. Disponível em https://www.in.gov.br/en/web/dou/-/resolucao-cd/anpd-n-2-de-27-de-janeiro-de-2022-376562019#wrapper. Acesso em: 19 jul. 2024.

legais. Medir esses indicadores regularmente pode fornecer *insights* valiosos sobre onde concentrar esforços de aprimoramento; e usar abordagens de *Privacy Ops* pode te fazer conseguir conquistar isso de forma mais fácil.

Como veremos ao longo da obra, a inovação contínua é vital. A tecnologia avança rapidamente, e as soluções de hoje podem não ser adequadas amanhã. Investir em novas tecnologias de proteção de dados, como criptografia avançada e ferramentas de monitoramento, pode oferecer camadas adicionais de segurança e conformidade. Adotar uma mentalidade de melhoria contínua, onde se busca constantemente por tecnologias emergentes e práticas inovadoras, é essencial para manter-se à frente das ameaças (e, por que não, dos concorrentes?).

Não restam dúvidas de que sustentar e aprimorar um programa de governança em P&PD é um compromisso sério, de longo prazo, que exige dedicação, recursos e visão estratégica. É interessante notar que a privacidade, quando efetiva, torna-se um elemento de diferenciação no mercado. Empresas que levam a sério a proteção de dados se destacam e ganham a confiança dos consumidores. No mundo atual, onde a confiança é um dos ativos mais valiosos, a privacidade e a proteção de dados podem ser um diferencial competitivo. Será que estamos aproveitando ao máximo essa oportunidade?

CONSIDERAÇÕES FINAIS

Adotar um programa de governança em P&PD, conforme os requisitos do art. 50 da LGPD, pode ser uma estratégia essencial para fortalecer a confiança dos diversos *stakeholders* e diferenciar as empresas em um mercado competitivo.

Ao adotarmos as melhores práticas e ferramentas discutidas, podemos levar nossos programas de governança além do cumprimento de obrigações esparsas, criando processos de P&PD que efetivamente protejam os dados pessoais e promovam a transparência. Como podemos garantir que estamos sempre à frente das mudanças regulatórias, de inovação e tecnológicas, inclusive atualizando um programa de governança com questões atreladas à inteligência artificial, garantindo processos céleres, otimizados e sem travar negócios? E como podemos transformar essas práticas em uma vantagem competitiva que construa confiança e lealdade entre nossos titulares de dados?

Estamos realmente preparados para atuar em prol dessas mudanças e alcançar um novo patamar de excelência? Como podemos medir o impacto dessas práticas e ajustar nosso curso conforme (e se) necessário? Como abordado, uma governança eficaz em P&PD não é apenas em prol da conformidade, mas também para a sustentabilidade e a competitividade no mercado. Que essa abordagem proativa se torne a base para um futuro em que P&PD é mais do que uma necessidade – é uma vantagem competitiva que impulsiona o sucesso, a confiança e longevidade nos nossos negócios. E você, está pronto para essa jornada contínua? Se chegou até aqui, espero que sim... então, vamos lá que tem muito mais por vir!

REFERÊNCIAS

FACHINETTI, Aline Fuke. Como promover um programa eficaz de proteção de dados pessoais. *JOTA*, 28 nov. 2023. Disponível em: https://www.jota.info/opiniao-e-analise/artigos/como-promover-um-programa-eficaz-de-protecao-de-dados-pessoais-28112023. Acesso em: 16 jun. 2024.

GODINHO, Gustavo. Capítulo 17. Complexidades na Implementação da LGPD em Multinacionais. In: PALHARES, Felipe. *Temas Atuais de Proteção de Dados*. São Paulo: Revista dos Tribunais, 2020.

GOVERNO DIGITAL. Guia para Implementação de Programa de Governança em Privacidade. Disponível em: https://www.gov.br/governodigital/pt-br/privacidade-e-seguranca/ppsi/guia_programa_governanca_privacidade.pdf. Acesso em: 16 jul. 2024.

CAPÍTULO 2
Privacy Operations: competências de *Legal OPS* aplicadas à privacidade e proteção de dados pessoais

Aline Fuke Fachinetti[1]
Guilherme Tocci[2]
Paulo Samico[3]

INTRODUÇÃO

Que a proteção de dados se tornou um desafio crítico para as organizações não é novidade. Esta obra não existiria se não fosse a legião de

---

[1] LL.M em Innovation, Technology and the Law na University of Edinburgh, como Chevening Scholar. Especialista em Direito Empresarial pela FGV Direito SP e bacharel em Direito pela PUC-SP. Advogada. Cofundadora e Diretora da Associação Juventude Privada. 40 under 40 pelo Global Data Review e Fellow of Information Privacy pela IAPP. IAPP Women Leading Privacy Section Leader e ex-membro do conselho consultivo da IAPP Women Leading Privacy Board. Certificada como AI Governance Professional (AIGP), DPO Brasil (CDPO/BR), Privacy Manager (CIPM), Privacy Professional Europe (CIPP) e Google Project Management. Curso Executivo de Gestão e Inovação em Projetos na ISCTE Lisboa e de Privacy and AI Law and Policy na Universidade de Amsterdam. Gerente Sênior de Proteção de Dados na Edenred para a região Américas (LATAM e EUA). E-mail de contato: alineff@adv.oabsp.org.br.

[2] Ávido por inovação na prática do Direito, teve uma carreira não tradicional no mundo jurídico. É Gerente Sênior Global de Legal Ops no Wellhub (Gympass) e Regional Group Leader do CLOC Brasil (Corporate Legal Operations Consortium). Candidato ao MBA pela FGV e formado em Direito pelo Mackenzie. Atuou em legaltech, jurídico interno e escritório de advocacia. Idealizador e coordenador dos livros *Legal Operations:* como começar, *Transformação jurídica:* criatividade é comportamento... Inovação é processo e *Jurídico 5.0 & Operações Exponenciais*, todos pela Saraiva Jur. E-mail de contato: tocci.salcedo@gmail.com.

[3] Advogado. Legal Manager & Open Innovation na Mondelēz Brasil. Bacharel em Direito pela Universidade Federal do Rio de Janeiro (UFRJ), pós-graduado em Processo Civil e em Direito Regulatório pela Universidade do Estado do Rio de Janeiro (UERJ). Idealizador e coordenador dos livros *Departamento Jurídico 4.0 e Legal Operations*, *Legal Operations:* como começar, *Transformação jurídica:* criatividade é comportamento... Inovação é processo e *Jurídico 5.0 & Operações Exponenciais*, todos pela Saraiva Jur. Coordenador da coluna "Legal & Business" no JOTA. Professor, palestrante, LinkedIn Top Voice. Presidente e fundador da ACC Brasil, o capítulo da Association of Corporate Counsel no país.

demanda profissional que o uso de dados cada vez mais exponencial tem gerado. Diante desse cenário, surge uma questão fundamental: como as organizações podem garantir que estão preparadas para enfrentar os desafios crescentes da proteção de dados em um cenário tão dinâmico? E vamos além. Existem papéis e responsabilidades bem definidos nas áreas da empresa – e as pessoas sabem como suas funções contribuem? Tal qual ocorreu com o *Compliance*, conseguimos conscientizar os colaboradores de forma assertiva ou ainda subestimamos o cuidado com os dados?

Do ponto de vista teórico, a operacionalização deste objetivo pode parecer simples à primeira vista. Entretanto, sob a perspectiva prática, ao nos aprofundarmos nas complexidades das obrigações e melhores práticas existentes, que estão sempre em constante atualização, percebemos que a realidade da governança em privacidade e proteção de dados pessoais é muito mais desafiadora e demanda uma abordagem cuidadosa e estratégica.

Nesse contexto, a integração de competências que permitam sua aplicação mais eficaz torna-se essencial. Não se trata apenas de cumprir normativas como a LGPD[4] no Brasil e observar as demais regulações internacionais, mas também de maximizar a eficiência operacional e fortalecer a confiança tanto dos clientes internos quanto externos. Questionamos: como as organizações e os profissionais que as compõem podem garantir que a integração dessas competências seja feita de forma efetiva, levando em consideração a constante evolução das tecnologias e regulamentações? Este artigo explora como a aplicação de aspectos de *Legal Operations* transforma obrigações em estratégias, impulsionando a proteção de dados de forma a garantir a liderança responsável e eficaz no tratamento dessas informações: o que chamamos de *Privacy Ops*[5]. A efetividade do programa de governança em

---

[4] BRASIL. Lei n. 13.709, de 14 de agosto de 2018. Lei Geral de Proteção de Dados Pessoais (LGPD). Disponível em: http://www.planalto.gov.br/ccivil_03/_ato2015-2018/2018/lei/L13709.htm. Acesso em: 16 jun. 2024.

[5] FACHINETTI, Aline Fuke; MARQUES, Rafael. Privacy Ops: operacionalizando a governança em proteção de dados. *JOTA*, 27 jun. 2023. Disponível em: https://www.jota.info/opiniao-e--analise/colunas/regulando-a-inovacao/privacy-ops-operacionalizando-a-governanca-em--protecao-de-dados-27062023. Acesso em: 16 jun. 2024; DALL'AGNESE, Luisa; MARQUES, Rafael. Privacy Ops. In: VALENTE, Aline; MILAGRES, Francisco; TOCCI, Guilherme; LOPES, Ianda; SAMICO, Paulo (Coords.). *Jurídico 5.0 e Operações Exponenciais*. São Paulo: Saraiva Jur, 2024.

privacidade não está apenas na conformidade, mas na qualidade, eficácia e eficiência em sua aplicação – para muito além do papel[6].

1. LEGAL OPERATIONS?

Ops, ou "operações", é uma disciplina dentro do gerenciamento organizacional que busca facilitar o Direito para a empresa, otimizando a prestação de serviços jurídicos combinando conhecimentos de negócios e pessoas, com processos e tecnologia[7]. Embora a ideia de "operações" não seja nova, tendo sido um componente essencial em áreas como vendas, fabricação, logística e TI, sua aplicação no mundo jurídico é relativamente recente e crescentemente valorizada.

Legal Operations ou Operações Jurídicas, portanto, desenham como o Direito pode ser percebido para os demais atores da empresa. Para quem é de números, a entrega é com base em dados. Para quem tem visão humanística, a área de *Legal Ops* entrega capacitação, treinamento e desenvolvimento de novas habilidades socioemocionais. Se o seu anseio é rigor técnico, a área também cuida de *hard skills*. Caso a preocupação seja financeira, a inteligência de recursos é com *Legal Ops*. Com a aplicação, o desenvolvimento e o fortalecimento da área, os advogados ficam livres para utilizar somente a técnica jurídica em suas atividades cotidianas, sem se preocupar com nada mais.

Assim, a integração de operações nos serviços jurídicos se concentra na melhoria da eficiência, redução de custos, impulsionamento da inovação[8] e na valorização estratégica do jurídico, proporcionando mais acesso à Justiça e clareza na percepção do Jurídico no mundo/comunidades em que está impactando. Ferramentas de automação, gestão de dados e análise métrica são comuns nessa área, visando não apenas a simplificação e automação de processos rotineiros, mas também a

---

[6] FACHINETTI, Aline Fuke. Como promover um programa eficaz de proteção de dados pessoais. *JOTA*, 28 nov. 2023. Disponível em: https://www.jota.info/opiniao-e-analise/artigos/como-promover-um-programa-eficaz-de-protecao-de-dados-pessoais-28112023. Acesso em: 16 jun. 2024.

[7] *Corporate Legal Operations Consortium* (*CLOC*). What is Legal Operations? Disponível em: https://cloc.org/what-is-legal-operations/. Acesso em: 16 jun. 2024.

[8] TOCCI, Guilherme; SAMICO, Paulo et al. Legal Ops: uma porta de entrada para a inovação. *JOTA*, 27 jul. 2023. Disponível em: https://www.jota.info/opiniao-e-analise/artigos/legal-ops-uma-porta-de-entrada-para-a-inovacao-27072023. Acesso em: 16 jun. 2024.

fornecer *insights* estratégicos para tomada de decisão mais assertiva e baseada em dados (conceito de *data driven*).

O *Corporate Legal Operations Consortium* (*CLOC*) é uma das organizações que desempenha um papel fundamental na definição de padrões e práticas para *Legal Ops* no mundo, conforme veremos a seguir. A organização lista 12 competências que considera como áreas funcionais/competências, conforme se vê na mandala abaixo:

Mandala CLOC, com as 12 competências de *Legal Operations*

Fonte: tradução livre feita para a obra *Legal Operations*: como começar (Saraiva Jur, 2023).

A "mandala *CLOC*" apresenta 12 competências para a gestão e operação das organizações em *Legal Ops*: (i) inteligência de negócios (*business intelligence*), (ii) gestão financeira (*financial management*), (iii) gestão de parceiros e fornecedores (*firm and vendor management*), (iv) governança de informação (*information governance*), (v) gestão do conhecimento (*knowledge management*), (vi) otimização e saúde da organização (*optimization, health organization*), (vii) operações práticas (*practice operations*),

(viii) gerenciamento de projetos/programas (*project/program management*), (ix) modelos de entrega de serviço (*service delivery models*), (x) planejamento estratégico (*strategic planning*), (xi) tecnologia (*technology*), e (xii) treinamento e desenvolvimento (*training and development*).

Importante que se mencione que, apesar das 12 competências listadas, não existe uma abordagem única e universal (*one size fits all*) para operações – perceba que nenhuma delas menciona especificamente a realidade jurídica, os conceitos ali apresentados são referentes a uma organização corporativa, jurídica ou não. Além do mais, cada organização possui contextos e desafios distintos, o que exige uma adaptação personalizada dessas funções – ou até a desnecessidade de se aplicar determinado pilar em contextos específicos.

A flexibilidade na sua aplicação e priorização – conforme a necessidade do time – é crucial para garantir que a estratégia seja realmente eficaz e alinhada aos objetivos corporativos. Isso permite que as organizações respondam de maneira mais ágil e efetiva às necessidades por meio do ferramental de competências, otimizando seus processos e fortalecendo a confiança daqueles com quem interagem.

2. PRIVACY OPERATIONS

Ao refletirmos sobre as competências do *CLOC*, nos parece natural perceber que seu racional também pode ser estendido às obrigações e melhores práticas de proteção de dados, de forma a impulsionar um Programa de Governança em Privacidade além do papel, que seja mais estratégico e efetivo. O que se quer é a realidade prática totalmente alinhada às expectativas (e obrigações) teóricas.

Além disso, milhares de organizações já definiram estruturas ou profissionais responsáveis por *Legal Ops* nas suas atividades. Em uma simples pesquisa no *LinkedIn*, registramos 5.400 resultados quando o filtro foi ativado para "Brasil" e para "pessoas".

Filtro habilitado pelos autores deste artigo em 3 jul. 2024, às 12h38

Aqui, observamos que há um oceano de oportunidades para essas pessoas (capacitações, desenvolvimento personalizado, alinhamento de interesses para a defesa da profissão via OAB, entre outros), como também saltam aos olhos uma oportunidade interessante para tais profissionais explorarem como podem apoiar os times responsáveis pela governança de proteção de dados por meio de seus conhecimentos e estratégias de *Ops*, tema central deste artigo.

A seguir, exploramos como cada competência pode ser aplicada a um programa de governança em privacidade, analisando-as sob dois ângulos distintos: primeiramente, discutiremos como cada competência pode ser integrada nas práticas de privacidade, promovendo uma abordagem mais estratégica e eficiente. Em seguida, explicaremos como essas competências podem, através da implementação de práticas de privacidade, melhorar as operações, assegurando que os processos sejam otimizados para reduzir riscos de privacidade e impulsionar o próprio *compliance* à proteção de dados pessoais. Vamos lá:

1. **Inteligência de negócios:** ferramentas de *business intelligence* (*BI*) para analisar dados relacionados a incidentes, auditorias e conformidade regulatória permitem uma visão mais clara e tomadas de decisões mais informadas, além de apoiarem a demonstração estratégica e baseada em dados à alta liderança da organização de questões do programa de proteção de dados. Ainda, tais *insights* podem direcionar melhorias nos processos de privacidade.

    - *Dica para profissionais de "Legal Ops"*: Ao utilizar ferramentas de *BI*, certifique-se de que os dados pessoais estejam devidamente anonimizados ou pseudonimizados. Garanta que a coleta e análise de dados respeitem os princípios de finalidade e minimização da LGPD.

2. **Gestão financeira:** a gestão financeira eficaz é crucial para alocar recursos de maneira otimizada em iniciativas de privacidade e proteção de dados. Implementar controles financeiros rigorosos e monitorar gastos permitem que os programas operem dentro do orçamento, justifiquem investimentos e demonstrem retorno sobre investimento (*ROI*, na sigla do termo em inglês). De acordo com um estudo conduzido pela Cisco em 2020, empresas que implementaram boas práticas de privacidade relataram um retorno mé-

dio de 2,7 vezes sobre cada dólar investido em privacidade[9]. Esse *ROI* é impulsionado por vários fatores, incluindo a redução de incidentes de violação de dados, aumento da confiança dos clientes e maior eficiência operacional. Adicionalmente, um relatório da PwC indica que 85% dos consumidores não farão negócios com uma empresa se tiverem preocupações sobre suas práticas de segurança, enfatizando como investimentos em privacidade não só protegem contra riscos, mas também atraem e retêm clientes, fortalecendo a posição competitiva das empresas no mercado.

- *Dica para profissionais de "Legal Ops"*: Ao lidar com dados financeiros, assegure que informações pessoais sejam protegidas por meio de controles de acesso e classificação da informação. Certifique-se de que fluxos de cobrança e dados financeiros estejam em conformidade com a LGPD, evitando o enriquecimento de dados desnecessários.

3. **Gestão de parceiros e fornecedores:** a gestão assertiva dos parceiros e fornecedores é essencial para potencializar a relação e obter melhores resultados da parceria e/ou prestação do serviço. Por exemplo, definir regras claras em contratos, realizar a medição de performance conforme o que foi combinado em sede de proposta, realizar o reajuste e praticar preços compatíveis com o mercado são ações básicas para quem quer garantir a harmonia na parceria e boas entregas de excelência. Muitas organizações se beneficiam de serem multinacionais ou terem um nome de mercado forte para praticar preços totalmente desproporcionais aos serviços que são realizados. Além de o resultado não ser o esperado gerando precarização dos serviços, é importante que se tenha em mente que existem pessoas que, do outro lado, são remuneradas precariamente e possuem sua subsistência prejudicada em razão dessa atitude. Tais relatos são reais e são incompatíveis com a nova realidade 5.0 e a era da humanização que o Direito está começando a discutir.

- *Dica para profissionais de "Legal Ops"*: A seleção e a gestão de fornecedores de toda a organização devem atender às normas de privacidade (não apenas pela área de privacidade, mas por todos os

---

[9] Cisco. 2020 Data Privacy Benchmark Study. Cisco, 2020. Disponível em: https://www.cisco.com/c/en/us/about/trust-center/data-privacy-benchmark-study-2020.html. Acesso em: 16 jun. 2024.

contratantes existentes na organização). Isso inclui avaliar a conformidade dos fornecedores, negociar contratos robustos e manter um relacionamento contínuo para assegurar o cumprimento dos requisitos legais. Profissionais de Ops podem ajudar a automatizar este fluxo, bem como podem buscar outras eficiências. Importante entender ainda se é possível aferir o nível de satisfação dos fornecedores em trabalhar com o tomador do serviço, buscando oportunidades a serem melhoradas.

4. **Governança de informação:** "é um conjunto de políticas, processos, procedimentos e práticas que garantem o gerenciamento adequado, seguro e eficiente das informações de uma organização"[10]. Com isso, é possível realizar o mapeamento detalhado do fluxo de dados pessoais dentro da organização para garantir que a coleta, o armazenamento e o uso estejam em conformidade com as políticas de privacidade; bem como realizar a gestão de acessos e permissões – implementando controles rigorosos de acesso a informações sensíveis, garantindo que apenas pessoas autorizadas possam acessar dados pessoais.

• *Dica para profissionais de "Legal Ops"*: Implemente políticas de governança da informação que garantam o tratamento adequado dos dados pessoais, incluindo a realização de auditorias e revisões periódicas para assegurar a conformidade com a LGPD. Além disso, estabeleça práticas de retenção e expurgo de dados, garantindo que informações desnecessárias sejam eliminadas para uma governança mais eficiente.

5. **Gestão do conhecimento:** um dos objetivos principais é facilitar as consultas com base nas informações já existentes na organização, seja entre os advogados, seja com os clientes internos. Algumas aplicações práticas podem ser a criação de um repositório centralizado de políticas e melhores práticas de privacidade acessível a todos os colaboradores, além da criação da cultura de documentar e compartilhar lições aprendidas e *insights* sobre conformidade e proteção de dados entre equipes.

---

[10] PEREIRA, Gabriela; TOCCI, Guilherme. Governança da informação: da transformação digital ao trabalho remoto. *JOTA*, 2 mai. 2024. Disponível em: https://www.jota.info/opiniao--e-analise/colunas/legal-business/governanca-da-informacao-da-transformacao-digital-ao--trabalho-remoto-02052024. Acesso em: 3 jul. 2024.

- *Dica para profissionais de "Legal Ops"*: Ao criar um repositório de conhecimento, implemente controles de acesso rigorosos para garantir que apenas pessoas autorizadas possam acessar dados confidenciais. Certifique-se de que a documentação seja atualizada regularmente e que o acesso esteja em conformidade com os princípios da LGPD e segurança da informação.

6. **Otimização e saúde da organização:** *Legal Operations* acaba sendo um elo entre o presente e um futuro estruturado na saúde mental para o Jurídico[11], exemplos para isso podem ser: promoção de práticas de trabalho que assegurem o bem-estar dos colaboradores, lidando com dados sensíveis, incluindo suporte adequado e treinamento. Para fluxos mais eficientes, é necessário ter pessoas mais engajadas, em uma cultura de *feedback* e melhorias contínuas.

- *Dica para profissionais de "Legal Ops"*: Inclua práticas de proteção de dados e privacidade no bem-estar dos colaboradores. Assegure que aqueles que lidam com dados sensíveis recebam suporte adequado e entendam a importância da conformidade com a LGPD.

7. **Operações práticas:** há muita discussão sobre essa área funcional, o que tem mais feito sentido é o entendimento de que a controladoria jurídica é a representação prática dessa frente. Para *Privacy*, essa aplicação não é diferente, pensando em monitoramento de conformidade das políticas e regulamentações, desenvolvimento de relatórios, auxílio para a padronização de processos, dentre outras aplicações. Ainda há muito trabalho operacional a ser feito – e com o controle de uma área de operações práticas/profissionais *controllers*, acaba tendo uma aplicação mais assertiva.

- *Dica para profissionais de "Legal Ops"*: Implemente controles operacionais para garantir a conformidade com a LGPD nas operações diárias. Desenvolva relatórios regulares e padronize processos para manter a transparência e eficiência, bem como o mapeamento efetivo e atualizado.

---

[11] TOCCI, Guilherme; SAMICO, Paulo. Legal Operations como elo entre o presente e um futuro estruturado na saúde mental para o jurídico: como a área pode ajudar na transformação jurídica que queremos para o ecossistema. *THEMIS Revista Jurídica*, v. 5, jul.-dez. 2023. Disponível em: https://www.revistathemis.com.br/arquivos/revista07/Revista_V4N7.pdf. Acesso em: 3 jul. 2024.

8. **Gerenciamento de projetos/programas:** este é quase óbvio – a *skill* de gestão de projetos é praticamente a principal *skill* necessária para um profissional à frente de uma implementação LGPD ou de um Programa de Governança.

   • *Dica para profissionais de "Legal Ops":* Utilize práticas de gestão de projetos que incluam *privacy by design*. Estabeleça metas claras e cronogramas que assegurem a conformidade com a LGPD em todas as etapas do projeto, ou crie travas no fluxo de *Project Management* para evitar que sejam aprovados ou implementados sem estes controles.

9. **Modelos de entrega de serviços:** saber e querer entender quais são as expectativas do seu cliente interno, usando a criatividade como comportamento e a inovação como processo para a realização de entregas cada vez mais consistentes[12]. Com a ajuda do Design, entender qual é o contexto da pessoa, área, e/ou cliente que você está prestando serviço e fazer disso uma realidade para a melhor compreensão do que deve ser feito – a entrega das análises de projetos (*privacy by design*), PIAs, e relatórios em geral, entregáveis claros, sem *techniques* (p. ex.: questões de *cyber*), atrelados com segurança da informação, que muitas vezes são estruturas diferentes.

   • *Dica para profissionais de "Legal Ops":* Assegure que seja aplicado o *privacy by design* em todos os serviços entregues. Compreenda as necessidades do cliente interno e garanta que todas as soluções respeitem as diretrizes de privacidade.

10. **Planejamento estratégico:** essencial para qualquer tipo de projeto e operação, definição de metas e objetivos claros e alinhados ao planejamento estratégico macro... O da própria organização. Garantir que as iniciativas de privacidade suportem a missão e visão da empresa, bem como as decisões pensadas para a implementação de métricas para monitorar a efetividade e eficácia das práticas de privacidade nesse contexto.

---

[12] TOCCI, Guilherme; SAMICO, Paulo. Legal Experience: o UX que pauta a jornada do cliente interno no Jurídico. *JOTA*, 29 abr. 2023. Disponível em: https://www.jota.info/opiniao-e-analise/artigos/legal-experience-o-ux-que-pauta-a-jornada-do-cliente-interno-no-juridico-29042023. Acesso em: 16 jun. 2024.

- *Dica para profissionais de "Legal Ops"*: Ao implementar o planejamento estratégico, lembre os tomadores de decisão de que todo projeto ou *roadmap* precisará considerar o período de análise *privacy by design*, além dos custos de *compliance*, segurança e conformidade com a LGPD. É importante se lembrar de desenvolver planos para a otimização de riscos que envolvam riscos, possíveis penalidades e/ou outros danos, como os reputacionais.

11. **Tecnologia:** não é essencial para a inovação, mas é a ferramenta-chave para que você possa escalar os seus processos internos. Automações para processos de *compliance*, como gestão de consentimento, resposta a solicitações de titulares de dados, dentre outros, vai lhe dar a autonomia necessária para se libertar de processos manuais e pouco eficientes, além de reduzir erros humanos.

- *Dica para profissionais de "Legal Ops"*: Ao implementar tecnologias, certifique-se de que elas estejam em conformidade com a LGPD. Garanta que as ferramentas utilizadas sejam seguras, protegendo dados pessoais contra acessos não autorizados e violações. Além disso, avalie periodicamente essas tecnologias para garantir que permaneçam eficazes e atualizadas conforme as mudanças regulatórias e de segurança.

12. **Treinamento e desenvolvimento:** o investimento em desenvolvimento de programas de capacitação e ter a mentalidade de treinamentos contínuos é o que vai garantir o sucesso da operação a médio-longo prazo. Do que adianta ter as políticas, processos internos e políticas mais robustas se os colaboradores não estão cientes disso? Inclusive, nesta obra, há um capítulo específico dedicado à conscientização da organização em temas de privacidade e proteção de dados pessoais que pode apoiar nesta jornada.

- *Dica para profissionais de "Legal Ops"*: Ao cuidar de temas de treinamento e desenvolvimento profissional, assegure cumprimento à LGPD em todas as suas etapas. Tenha cuidado mesmo com e-mails internos que enviar; por exemplo, se uma pessoa de RH ou *Ops* envia um e-mail a todos que não realizaram o treinamento obrigatório, sem colocá-los em cópia oculta, isso pode ferir a privacidade dos colaboradores que verão quem não está cumprindo a política de treinamento.

Além desses pontos de partida para compreender *Privacy Operations*, esta obra explora, nos demais capítulos, diversos aspectos do Programa de Governança em Proteção de Dados que podem ser mais impulsionados através da aplicação das competências e dessa nova mentalidade – trazendo mais estratégia e efetividade à proteção de dados pessoais.

CONCLUSÃO

A integração das competências de *Legal Ops* em programas de governança em privacidade e proteção de dados representa um avanço significativo na abordagem estratégica das organizações em relação à conformidade e à eficácia operacional. Ainda, trazem uma oportunidade para além do *compliance*, de fortalecimento da sua posição competitiva ao adotar uma cultura de privacidade centrada nas pessoas e na inovação. A interseção entre os dois temas destaca a necessidade de uma abordagem multidisciplinar, integrando conhecimentos jurídicos, de gestão e até tecnológicos para enfrentar desafios cada vez mais complexos. Times que adotam esse ferramental trazem um diferencial interno e externo, na forma como lidam com o tema na organização.

A implementação eficaz das competências do *CLOC* não só permite que as organizações atendam às exigências de conformidade, mas também as capacita a criar valor por meio da proteção dos dados pessoais. Em geral, essa sinergia nos parece uma grande oportunidade para os profissionais e para as organizações que querem se destacar ao integrar de forma eficaz, eficiente, inovadora – e por que não – criativa, para além do papel, a proteção de dados como um elemento central de suas estratégias.

REFERÊNCIAS

Cisco. 2020 Data Privacy Benchmark Study. Cisco, 2020. Disponível em: https://www.cisco.com/c/en/us/about/trust-center/data-privacy-benchmark-study-2020.html. Acesso em: 16 jun. 2024.

Corporate Legal Operations Consortium (*CLOC*). What is Legal Operations? Disponível em: https://cloc.org/what-is-legal-operations/. Acesso em: 16 jun. 2024.

DALL'AGNESE, Luisa; MARQUES, Rafael. Privacy Ops. In: VALENTE, Aline; MILAGRES, Francisco; TOCCI, Guilherme; LOPES, Ianda; SAMICO, Paulo (Coords.). *Jurídico 5.0 e Operações Exponenciais*. São Paulo: Saraiva Jur, 2024.

FACHINETTI, Aline Fuke. Como promover um programa eficaz de proteção de dados pessoais. *JOTA*, 28 nov. 2023. Disponível em: https://www.jota.info/opiniao-e-analise/artigos/como-promover-um-programa-eficaz-de-protecao-de-dados-pessoais-28112023. Acesso em: 16 jun. 2024.

FACHINETTI, Aline Fuke; MARQUES, Rafael. Privacy Ops: operacionalizando a governança em proteção de dados. *JOTA*, 27 jun. 2023. Disponível em: https://www.jota.info/opiniao-e-analise/colunas/regulando-a-inovacao/privacy-ops-operacionalizando-a-governanca-em-protecao-de-dados-27062023. Acesso em: 16 jun. 2024.

PEREIRA, Gabriela; TOCCI, Guilherme. Governança da informação: da transformação digital ao trabalho remoto. *JOTA*, 2 mai. 2024. Disponível em: https://www.jota.info/opiniao-e-analise/colunas/legal-business/governanca-da-informacao-da-transformacao-digital-ao-trabalho-remoto-02052024. Acesso em: 3 jul. 2024.

TOCCI, Guilherme; SAMICO, Paulo et al. Legal Ops: uma porta de entrada para a inovação. *JOTA*, 27 jul. 2023. Disponível em: https://www.jota.info/opiniao-e-analise/artigos/legal-ops-uma-porta-de-entrada-para-a-inovacao-27072023. Acesso em: 16 jun. 2024.

TOCCI, Guilherme; SAMICO, Paulo. Legal Experience: o UX que pauta a jornada do cliente interno no Jurídico. *JOTA*, 29 abr. 2023. Disponível em: https://www.jota.info/opiniao-e-analise/artigos/legal-experience-o-ux-que-pauta-a-jornada-do-cliente-interno-no-juridico-29042023. Acesso em: 16 jun. 2024.

TOCCI, Guilherme; SAMICO, Paulo. Legal Operations como elo entre o presente e um futuro estruturado na saúde mental para o Jurídico: como a área pode ajudar na transformação jurídica que queremos para o ecossistema. *THEMIS Revista Jurídica*, v. 5, jul.-dez. 2023. Disponível em: https://www.revistathemis.com.br/arquivos/revista07/Revista_V4N7.pdf. Acesso em: 3 jul. 2024.

CAPÍTULO 3
Métricas e indicadores de *Privacy Ops*

Lara Rocha Garcia[1]
Luisa Abreu Dall'Agnese[2]

"Não se gerencia o que não se mede, não se mede o que não se define, não se define o que não se entende. E não há sucesso no que não se gerencia."

William Deming – Pai do Controle de Qualidade Moderno.

A entrada em vigor da LGPD marcou uma mudança de paradigma significativa no Brasil, exigindo das organizações uma nova abordagem para a privacidade e proteção de dados pessoais. Enquanto uma parte do mercado inicialmente adotou a visão de que a conformidade com a LGPD seria um projeto estático, com início, meio e fim, outra parte compreendeu a necessidade de uma perspectiva contínua. Essas empresas reconheceram que o investimento em um programa robusto de privacidade não apenas assegura a conformidade regulatória, mas também oferece benefícios econômicos, diretos e indiretos, como a construção da

---

[1] Data Protection Officer na Edenred. Doutora e Mestre em Direito Político e Econômico pela Universidade Presbiteriana Mackenzie (UPM), com foco em Inovação, Saúde, Proteção de Dados e Inteligência Artificial. Visiting Scholar pela Columbia Law School (EUA). Especialista em Inovação e Empreendedorismo por Stanford Graduate School of Business (EUA). Professora e Advogada de Direito Digital, Inovação, Compliance e Proteção de Dados. Foi Gerente de Inovação do Hospital Israelita Albert Einstein e liderou a área de produtos do Dr.Consulta, além de ter atuado como consultora em inovação e projetos digitais em consultorias especializadas.

[2] Bacharel em direito pela Universidade do Vale do Itajaí – UNIVALI, especialista em direito digital pela Fundação Getúlio Vargas, pós-graduada em Direito Empresarial pelo Insper e, LL.M candidate em Technology Law & Policy na Universidade de Georgetown. Certificada como DPO Brasil (CDPO/BR), Privacy Manager (CIPM), Privacy Professional Europe (CIPP). Fellow do Internet Law & Policy Foundry, voluntária na ONG Juventude Privada e Vice-presidente da Georgetown Brazilian Law Association – BrazLA. Advogada com atuação em direito digital, privacidade, proteção de dados e propriedade intelectual, atualmente consultora especialista no Banco InterAmericano de Desenvolvimento – BID em Washington, D.C., EUA.

confiança dos clientes, a mitigação de riscos e a viabilização de novas oportunidades de negócios.

Independentemente da abordagem adotada em 2020 perante a temática, o tempo transcorrido até o momento da presente obra demonstra a inviabilidade e o risco que as organizações se expõem ao não priorizar um programa robusto de privacidade e proteção de dados. Em face à onda midiática, à crescente litigiosidade e à acirrada competitividade do mercado, observa-se uma harmonização do entendimento de que um programa de privacidade deve ter um valor principal nas organizações, independentemente de o produto ou serviço oferecido basear-se primariamente no tratamento de dados pessoais ou não.

Essa evolução – de um mero projeto para um programa robusto – criou o que chamamos de *Privacy Ops*, no qual se destaca a importância de métricas e indicadores para monitorar e aprimorar continuamente as práticas de proteção de dados, garantindo que a privacidade se torne um componente integral e dinâmico das operações empresariais.

Antes de começar a falar em métricas, é preciso percorrer o que chamamos de "Caminho Feliz". Esse caminho consiste em, antes de medir e definir, como dito por William Deming na citação de abertura deste artigo, entender o que é o programa de privacidade e o que ele faz. Conforme exposto, este não é um projeto com prazo de validade, mas um processo constante e dinâmico que exige constante adaptação e melhoria. Por isso a importância de estabelecer métricas e indicadores claros, garantindo que o programa evolua em sintonia com os objetivos estratégicos do negócio, proporcionando um ciclo contínuo de aprimoramento e valorização da proteção de dados.

Após entender o programa (e esta obra dispõe artigos específicos abordando e explorando os requisitos legais de um programa de privacidade), passamos para a fase de definição de escopo e abrangência, ou seja, definir quais são as regulações aplicáveis ao negócio, quais os *frameworks* adotados e os objetivos estratégicos da organização. Com esses elementos definidos, torna-se possível estabelecer uma base sólida para a implementação de métricas e indicadores eficazes. Isto posto, é importante destacar que não existe uma única métrica ou um único indicador que faça "milagres" ou que possa ser analisado isoladamente. Pelo contrário, um sistema de métricas e indicadores funciona, em analogia, como um sistema de diagnóstico médico: um único sintoma pode corresponder a várias hipóteses diagnósticas, permitindo poucas decisões conclusivas. No entanto, a análise conjunta de vários indicadores possibilita uma avaliação mais precisa e fundamentada, levando a uma acurácia final maior.

Em *Privacy Ops*, compartilhamos a mesma perspectiva, ou seja, a construção de métricas destinadas a permitir que sejam realizadas correlações, estabelecer causas e consequências e, mais importante, caminhar e evoluir a maturidade do programa de privacidade.

Partimos então com duas metodologias clássicas e amplamente utilizadas no mercado, os *Objective and Key Results* – OKRs[3] e os *Key Performance Indicators* – KPIs[4]. Enquanto a primeira concentra-se em objetivos de curto prazo, a segunda monitora a saúde do programa, ou seja, os OKRs indicam para onde o programa irá, ao passo que os KPIs informam onde o programa está.

Os OKRs consistem, portanto, em um "*framework* de gestão estratégica que capacita as organizações a estabelecerem e monitorarem metas de forma eficaz, promovendo uma abordagem focada em resultados-chave para impulsionar o progresso e o sucesso da organização"[5].

Vamos passo a passo nessa sopa de letrinhas. "O" reflete "Objetivo" e existe para delinear a direção almejada pela organização. Define o "O QUE", é qualitativo e tem prazo para ser alcançado. Um bom objetivo é uma frase curta, inspiracional e com uma chamada para ação.

Já os "KRs" são, em inglês, *Key Results*, em português, Resultados-Chave. São medidas específicas para alcançar os objetivos definidos anteriormente. É "COMO" sabemos se estamos progredindo para alcançar o objetivo definido; são quantitativos e medem resultados, não esforços olvidados para o atingimento.

Os OKRs podem ser definidos em vários níveis, começando pelo negócio, através da definição de prioridades, ou seja, aonde o negócio quer chegar e quais são os resultados desejados. Na camada tática, os objetivos específicos de cada equipe devem estar alinhados com o propósito da organização e os objetivos do negócio. Além disso, é possível definir OKRs focados na performance individual dos colaboradores,

---

[3] HOMEM DE MELLO, Francisco. OKR: o que é, como implementar, exemplos e benefícios. *Qulture.Rocks*. 29 de maio 2024. Disponível em: https://www.qulture.rocks/blog/okrs-o-que--sao-como-implementar. Acesso em: 1º jul. 2024.

[4] IVO, Diego. Guia completo sobre KPIs: o que são, como escolher e como monitorar. *Conversion*. 25 mar. 2024. Disponível em: https://www.conversion.com.br/blog/o-que-sao-kpis/. Acesso em: 20 jun. 2024.

[5] DOERR, John. *Objetivos e Resultados-Chave (OKRs): a fórmula para alcançar o sucesso*. Tradução: Ana Paula Carvalho. Rio de Janeiro: Sextante, 2018.

com objetivos e resultados-chave individuais. Ainda que *OKRs* não devam ser utilizados sozinhos para avaliar o desempenho individual do colaborador, esta pode ser uma métrica valiosa dentro de um processo de avaliação mais amplo, complementado por outras metodologias que avaliem habilidades interpessoais e colaboração, por exemplo.

Complexo? À primeira vista, pode até parecer, mas certamente auxilia na navegação e na tomada de decisões. Para começar, a sugestão seria utilizar *frameworks* que podem te ajudar a construir esse pensamento. Um exemplo de *framework* seria completar a frase: "Eu vou__ medindo através do(a)___". O primeiro espaço a ser preenchido seria o objetivo, e o segundo, os resultados-chave a serem alcançados.

Além desse *framework* de ponto de partida, sugerimos alguns pontos a serem considerados para produção de bons *OKRs*, como:

a) Evitar *OKRs* vagos ou genéricos: Prezar pela clareza e utilizar linguagem simples. Os *OKRs* devem ser fáceis de entender, quando construídos de forma genérica e generalizada podem gerar esforços dispersos e falta de foco.

b) Ser flexível: Esteja aberta(o) a ajustar os *OKRs* conforme necessário ao longo do período estabelecido. Mudanças nas circunstâncias ou nas prioridades do negócio tendem a exigir adaptações nos objetivos inicialmente definidos.

c) Evitar a sobrecarga de *OKRs*: Não sobrecarregar a equipe com um grande número de *OKRs*. Isso pode dispersar a energia e tornar difícil priorizar as atividades mais importantes. Geralmente, as equipes optam por ter de 3 a 5 *OKRs* por trimestre.

d) *OKRs* não são atividades: Atividades são iniciativas, ou seja, é como você vai chegar lá e o que precisa ser feito para alcançar os resultados-chave. Por exemplo, fazer uma auditoria de privacidade para identificar os pontos de coleta de dados pessoais e identificar quais dados são realmente necessários é um meio. O objetivo é garantir a conformidade com a minimização da coleta de dados, medido através da redução de pontos de coleta de dados excessivos e desnecessários para o negócio e da implementação de controles mais rígidos.

e) *OKRs* não são sinônimos de *KPIs*: São complementares. Enquanto os *OKRs* são um *framework* para alinhamento e direcionamento da empresa, os *KPIs* são indicadores usados para medir o sucesso de uma determinada iniciativa ou projeto, visam o resultado.

A efetividade desses indicadores só será alcançada se o time de privacidade e proteção de dados estiver alinhado com outros *stakeholders* da organização. Afinal, em todos os processos de negócios há dados pessoais a serem tratados e ações do time de privacidade e proteção de dados a serem implementadas. O programa de privacidade tem, como maestro, o Encarregado de Dados, mas necessita do apoio e colaboração de diversos profissionais para criar uma sinfonia. A seguir, apresentamos alguns exemplos de projetos conjuntos com outros *stakeholders* e as métricas possíveis para monitorar o progresso e a eficácia dessas iniciativas.

Com o time de Recursos Humanos, é possível revisar o Manual do Colaborador e promover a cultura de proteção de dados desde o *onboarding* de novos colaboradores. Também, podem ser implementadas ações em iniciativas de Diversidade e Inclusão, bem como apoiá-los na criação de um sistema de monitoramento e revisão do acesso aos dados pessoais dos colaboradores. Iniciativas de treinamentos e conscientização são fundamentais, pois atuam como multiplicadores de conhecimento e oferecem oportunidades valiosas para medir a interação, interesse e compreensão dos colaboradores em relação às práticas de privacidade da organização. Boas métricas podem ser extraídas desse relacionamento, como:

- Quantidade de colaboradores que realizaram o *onboarding*;
- Avaliação de reação ao Manual do Colaborador;
- Nível de confiança em ações de diversidade e inclusão (como são dados pessoais sensíveis opcionais, uma maior participação na abertura de elementos delicados e pessoais indica maior efetividade do programa de privacidade);
- Quantidade de colaboradores que participaram dos treinamentos; e
- Pesquisa de satisfação dos treinamentos.

A área de Comunicação pode ser uma parceria importante na produção de conteúdo para intranet, comunicações por e-mail, *one page*, cartilhas e outros materiais, além de eventos como Dia Internacional da Privacidade ou de publicações da ANPD. Métricas recomendadas em parceria com estes *stakeholders* incluem:

- Quantidade de *posts* e matérias na intranet;
- Interação nesses *posts* e matérias (curtidas, comentários, compartilhamentos);
- Quantidade de e-mail-marketings enviados;
- Cartilhas publicadas e sua interação;
- Eventos realizados;
- Quantidade de participantes dos eventos; e
- Pesquisa de satisfação dos eventos.

O time Financeiro pode solicitar a alocação de recursos adequados e colaborar na criação de métricas financeiras que avaliem os custos e benefícios das iniciativas de privacidade, demonstrando o retorno sobre o investimento (ROI) e a criação de valor associada à proteção de dados.

As áreas de Produto requerem uma comunicação aberta e transparente sobre o *design*, as características e as funcionalidades dos produtos em desenvolvimento. A criação conjunta de recursos dentro dos produtos que permitam aos usuários controlarem suas preferências de privacidade conferem autonomia às áreas de produto e automatiza processos obrigatórios em um programa de privacidade e proteção de dados. Métricas que podem apoiar o crescimento em maturidade incluem:

- Redução da coleta de dados pessoais desnecessários;
- Quantidade de acessos à Política de Privacidade;
- Número de requisições dos titulares de dados;
- Principais razões das requisição dos titulares;
- Tempo médio de atendimento das requisições;
- Sazonalidade/campanhas relacionadas às requisições;
- Pesquisa de satisfação dos titulares de dados; e
- Quantidade de horas que o time leva para atender às requisições (permitindo calcular a eficiência financeira).

Por fim, mas não menos importante, o time jurídico, tanto em âmbito consultivo como contencioso, apresenta excelentes oportunidades de parcerias e projetos conjuntos. Desde a *due diligence*, inclusão de cláusulas adequadas de proteção de dados nos contratos, desenvolvimento de aditivos para adequação contratual, até a comunicação com parceiros e negociação contratual. Para cada instrumento jurídico, é possível estabelecer métricas de apoio. Por exemplo, em contratos, é possível metrificar:

- Número de contratos elaborados por mês;
- Tempo de resposta;
- Quantidade de ajustes necessários; e
- Tempo de negociação.

Estabelecidos os *OKRs*, ficaria, portanto, delineado o caminho e a direção do programa. Mas como saber se estamos no caminho certo? É preciso, portanto, criar *KPIs* que meçam o presente. Existem diferentes tipos de *KPI* que, conjuntamente, ajudam a avaliar se os resultados-chave e objetivos serão atingidos. Cria-se, dessa forma, uma visão de curto prazo (*KPIs*) e de médio prazo (*OKRs*). Alguns exemplos de indicadores que podem ser utilizados no programa de privacidade incluem[6,7], mas não se limitam a:

a) Quantidade de Incidentes de Segurança: Número de violações de segurança de dados por trimestre.

b) Percentual de Conformidade com DPIAs: Proporção de projetos novos submetidos a Avaliações de Impacto à Privacidade em relação ao total de projetos.

c) Tempo Médio de Resposta a Solicitações dos Titulares: Tempo médio em dias para atender solicitações de acesso, correção ou exclusão de dados.

d) Volume de Conclusão de Treinamentos de Privacidade: Percentual de funcionários que completaram o treinamento obrigatório de privacidade e proteção de dados.

e) Número de Reclamações de Privacidade Resolvidas: Quantidade de reclamações relacionadas à privacidade resolvidas em relação ao total recebido.

---

[6] FUTURE OF PRIVACY FORUM. *Privacy Metrics Report*. Disponível em: https://fpf.org/wp-content/uploads/2022/03/FPF-PrivacyMetricsReport-R9-Digital.pdf. Acesso em: 1º jul. 2024.

[7] PRADO VIDIGAL ADVOGADOS. Medindo o Programa de Privacidade. Edição 1.0. Nov. 2022. Disponível em: https://pradovidigal.com.br/wp-content/PVA-cartilha-metricas-privacidade-final.pdf. Acesso em: 1º jul. 2024.

Para construir a visão a longo prazo do programa, sugere-se criar modelos de maturidade[8]. Esses modelos permitem a avaliação do progresso contínuo do programa de privacidade em diferentes dimensões, como governança, processos, tecnologia e cultura organizacional. O modelo de maturidade pode incluir diferentes níveis e granularidades, de iniciante ao avançado, para viabilizar a identificação de lacunas e áreas para melhorias contínuas. Por exemplo, um modelo de maturidade pode ser estruturado em cinco níveis:

1) Inicial: A organização entende de forma básica ou inexistente a importância da temática de privacidade e proteção de dados, e inicia o cumprimento das regulamentações, mas ainda não possui processos formais definidos ou implementados.

2) Repetível: Existem processos documentados e alguns controles já implementados, mas a prática ainda é inconsistente. A organização está ciente da importância da privacidade e proteção de dados.

3) Definido: Os processos são formalizados e padronizados em toda a organização, com responsabilidades claramente definidas e comunicação efetiva.

4) Gerenciado: A organização utiliza métricas para monitorar e avaliar a eficácia dos processos de privacidade, realizando melhorias contínuas e pontuais. Os processos são consistentemente aplicados.

5) Otimizado: A privacidade está totalmente integrada à cultura organizacional, com inovação contínua e proativa na gestão de dados pessoais.

A adoção de níveis de avaliação de maturidade permite à organização entender seu estágio atual e traçar um *roadmap* claro para atingir níveis mais altos e estratégicos de maturidade. Além disso, a criação de *dashboards* e relatórios regulares que apresentem o *status* dos *KPIs* e *OKRs*, bem como a evolução da maturidade, proporciona uma visão holística e transparente do progresso do programa. Uma abordagem contínua e estruturada não só assegura a conformidade com as regulamentações, mas também aumenta a resiliência organizacional e promove uma cultura de privacidade robusta e sustentável.

---

[8] Information Commissioner's Office – ICO. Accountability framework self-assessment. Disponível em: https://ico.org.uk/gdpr-guidance-and-resources/accountability-and-governance. Acesso em: 25 jun. 2024.

Adicionalmente, e tão relevante quanto, a avaliação de maturidade também se revela uma ferramenta essencial para comunicar eficazmente os resultados alcançados aos diversos níveis hierárquicos da organização. Ao evidenciar os progressos e as áreas que necessitam de melhoria, a avaliação ajuda a engajar os *stakeholders*, incentivando-os a colaborar ativamente na evolução do programa. Essa colaboração é crucial para alinhar as iniciativas de privacidade com as prioridades da alta liderança, garantindo que as ações estejam em consonância com o apetite de risco, a estratégia geral do negócio e a definição de orçamento/investimento na área. O uso estratégico dessas avaliações transforma a gestão de privacidade em um componente integrado e valorizado dentro da estratégia corporativa, promovendo uma cultura de conformidade e proteção de dados que atravessa todas as camadas da organização.

À medida que as organizações avançam em seus programas de privacidade e alcançam níveis superiores de maturidade, torna-se essencial integrar essas iniciativas em um quadro de gestão estratégica mais amplo. Nesse contexto, a metodologia do *Balanced Scorecard (BSC)*[9] oferece uma abordagem produtiva. O *BSC* é uma ferramenta estratégica que expande a medição de desempenho organizacional além das métricas financeiras, englobando as perspectivas de clientes, processos internos e aprendizado e crescimento. Incorporando *KPIs* de privacidade neste framework, as organizações alinham suas metas de proteção de dados aos objetivos estratégicos mais amplos, promovendo uma gestão integrada que equilibra risco, conformidade e inovação.

Ao aplicar a metodologia *BSC* em programas de privacidade, as organizações definem objetivos estratégicos em quatro perspectivas: financeira, cliente, processos internos e aprendizado e crescimento. Na perspectiva financeira, o foco pode ser a redução de custos derivados de violações de dados, enquanto na de clientes, visa-se aumentar a confiança por meio de maior transparência e controle sobre os dados. Nos processos internos, objetiva-se aperfeiçoar a gestão de incidentes e a segurança de dados, e em aprendizado e crescimento, enfatiza-se o desenvolvimento de competências relacionadas à privacidade e a cultura organizacional de proteção de dados. Ao alinhar esses objetivos com métricas específicas, como diminuição de incidentes de segurança ou melhoria nas avaliações de treinamentos de privacidade, cria-se um

---

[9] COTE, Catherine. What Is a Balanced Scorecard? *HBS Online*. 26 out. 2023. Disponível em: https://online.hbs.edu/blog/post/balanced-scorecard. Acesso em: 3 jul. 2024.

dashboard do *Balanced Scorecard* que monitora a eficácia do programa e orienta decisões estratégicas, transformando a gestão de privacidade em um diferencial competitivo sustentável.

Seguindo a analogia da orquestra, que requer a harmonia de todos os instrumentos musicais para criar uma sinfonia, o programa de privacidade e proteção de dados em uma organização exige a colaboração afinada de todas as áreas de negócio. O maestro, Encarregado de Dados, não apenas rege os músicos, mas interpreta a partitura (leis e regulamentos gerais e setoriais) de uma forma que ressoa consonância e clareza, trazendo segurança e confiança para o público (clientes e *stakeholders*).

No mercado globalizado e cada vez mais conectado, ter uma orquestra bem-preparada é fundamental. Cada ajuste nos instrumentos (processos internos), cada nota tocada (ação de proteção de dados) e cada movimento (decisões estratégicas) contribuem para uma sinfonia não apenas atrair e reter colaboradores e clientes, mas também fortalecer a resiliência e a integridade da organização. No concerto contínuo da privacidade, cada participação afinada é vital para que a harmonia prevaleça e a confiança do público se mantenha inabalável. Utilizando os *OKRs* para definir as metas estratégicas e os *KPIs* para medir o desempenho operacional, a orquestra de privacidade e proteção de dados transforma cada desafio em oportunidade, garantindo que a melodia da conformidade ressoe clara e distintamente. Esse alinhamento entre as métricas de desempenho e os objetivos estratégicos assegura um legado de valor e responsabilidade, promovendo uma cultura de melhoria contínua e adaptação proativa às mudanças no cenário de privacidade e proteção de dados.

REFERÊNCIAS

CISCO. Data Privacy Benchmarking Study. Disponível em: https://www.cisco.com/c/dam/en_us/about/doing_business/trust-center/docs/cisco-privacy-benchmark-study-2021.pdf. Acesso em: 1º jul. 2024.

COTE, Catherine. What Is a Balanced Scorecard? *HBS Online*. 26 out. 2023. Disponível em: https://online.hbs.edu/blog/post/balanced-scorecard. Acesso em: 3 jul. 2024.

DOERR, John. *Objetivos e Resultados-Chave (OKRs):* a fórmula para alcançar o sucesso. Tradução: Ana Paula Carvalho. Rio de Janeiro: Sextante, 2018.

FUTURE OF PRIVACY FORUM. Privacy Metrics Report. Disponível em: https://fpf.org/wp-content/uploads/2022/03/FPF-Privacy-MetricsReport-R9-Digital.pdf. Acesso em: 1º jul. 2024.

HOMEM DE MELLO, Francisco. OKR: o que é, como implementar, exemplos e benefícios. *Qulture.Rocks*. 29 maio. 2024. Disponível em: https://www.qulture.rocks/blog/okrs-o-que-sao-como-implementar. Acesso em: 1º jul. 2024.

Information Commissioner's Office – ICO. Accountability framework self-assessment. Disponível em: https://ico.org.uk/gdpr-guidance-and-resources/accountability-and-governance. Acesso em: 25 jun. 2024.

IVO, Diego. Guia completo sobre KPIs: o que são, como escolher e como monitorar. *Conversion*. 25 mar. 2024. Disponível em: https://www.conversion.com.br/blog/o-que-sao-kpis/. Acesso em: 20 jun. 2024.

PRADO VIDIGAL ADVOGADOS. Medindo o Programa de Privacidade. Edição 1.0. Nov. 2022. Disponível em: https://pradovidigal.com.br/wp-content/uploads/2022/11/PVA-cartilha-metricas-privacidade-final.pdf. Acesso em: 1º jul. 2024.

CAPÍTULO 4
Registro de atividade de tratamento de dados pessoais – do *compliance* à eficiência

Cecília Helena de Castro[1]
Fernanda Morgerote Abreu[2]

O gerenciamento efetivo da privacidade tem sido um dos maiores desafios das organizações que buscam o *compliance* com as leis de proteção de dados pessoais e agregar valor aos seus negócios. Para tanto, a adoção de uma abordagem baseada em *frameworks* de privacidade e segurança da informação permite que a organização atenda aos requisitos legais, negociais e as expectativas dos titulares dos dados, com quem buscam manter uma relação de confiabilidade.

---

[1] Gestora de Privacidade e Segurança da Informação e Data Protection Officer no Peck Advogados. Graduada em Direito pela Universidade Federal de Uberlândia (UFU). Certificada Internacionalmente em Information Privacy Manager (CIPM) pela International Association of Privacy Professionals (IAPP), em Data Protection Officer (DPO) e em Data Protection Essentials (PDPE) pela EXIN. Especialista em Direito Digital e *Compliance* pelo Damásio Educacional e em Direito Processual pela Pontifícia Universidade Católica de Minas Gerais (PUC/MG). Pós-graduanda em Cibersegurança e Governança de Dados pela Pontifícia Universidade Católica de Minas Gerais (PUC/MG). Extensão em Direito Digital pela Fundação Armando Alvares Penteado (FAAP), em Contratos pela Fundação Getúlio Vargas (FGV) e em Direito das Startups pela Escola Superior de Advocacia da Ordem dos Advogados do Brasil (ESA/SP). Instrutora de cursos de Privacidade e Proteção de Dados Pessoais. Professora de Pós-graduação em Proteção de Dados Pessoais no Damásio Educacional. Coautora do livro *Direito Digital Aplicado 4.0*.

[2] Especialista em Processos Estratégicos e Privacidade de Dados Pessoais no Grupo Yamaha Brasil. Master of Business Administration (MBA) em Engenharia da Qualidade pela Escola Politécnica da Universidade de São Paulo. Especialização em Gestão por Processos e Melhoria Contínua na Fundação Vanzolini. Bacharel em Administração de Empresas pela Impacta Tecnologia. Certificada de Lead Implementer da Gestão da Privacidade da Informação, Baseado na NBR ISO/IEC 27701 pela Associação Brasileira de Normas Técnicas – ABNT. Membro da comissão ABNT CEE 021.004.027: Segurança da Informação e Proteção da Privacidade. Mentora no POD.CRIAR, programa de formação e aceleração de negócios e projetos criativos focado na diversidade. Professora Convidada no curso Privacy Operations de Privacidade e Proteção de Dados Pessoais na Future Law.

O grande motivador para manter a conformidade com as legislações de privacidade como a Lei Geral de Proteção de Dados Pessoais (LGPD – Lei n. 13.709/2018) e outras regulamentações no mundo é a proteção da reputação e da marca, até porque as práticas descuidadas de proteção de dados geram além de danos reputacionais com a exposição negativa da empresa no mercado, danos de ordem operacional e jurídico, como perdas de ativos, clientes, contratos, aumento de ações judiciais e eventuais pagamentos de multas.

Nesse sentido, é de muita valia que a organização gerencie melhor os seus dados com o fim de mitigar eventuais riscos, implementando um Sistema de Gestão de Privacidade e Proteção de Dados que reflita a sua realidade, pois de nada adianta a adoção de ações, políticas, procedimentos e ferramentas que não estejam alinhados às estratégias organizacionais.

Como parte dessa gestão, é primordial que se estabeleça o inventário de dados pessoais, também conhecido como Registro das Operações de Tratamento de Dados Pessoais ou, no inglês, pela sigla *RoPA (Record of Processing Activities)*.

O *RoPA* é o documento central do Programa de Governança em Privacidade, pois permite que a organização tenha visibilidade adequada dos fluxos dos dados pessoais tratados, ajuda a implementar e monitorar a proteção de dados de forma mais eficaz, além de permitir a priorização de recursos, esforços, tratamento de incidentes e avaliações de riscos.

Esse registro das operações de tratamento é uma exigência legal, conforme previsto no art. 37 da LGPD. Assim, tanto aqueles que definem o "como" e o "porquê" os dados serão tratados (denominados controladores), quanto os que atuam sob delegação do controlador, sem qualquer liberalidade em relação ao tratamento dos dados (denominados operadores), devem manter documentados seus fluxos, especialmente quando o tratamento dos dados pessoais encontra respaldo no legítimo interesse.

Ressalte-se que a obrigação pela elaboração do registro de operações de tratamento de dados pessoais é do agente de tratamento, contudo, o Encarregado pelo Tratamento de Dados Pessoais deverá orientá-lo conforme inclusive consta na proposta de minuta de Resolução sobre a atuação do Encarregado publicada pela ANPD e ainda pendente de aprovação[3]. O cumprimento dessa regra é competência empresarial e não do Encarregado.

---

[3] Regulamento sobre a atuação do Encarregado. Disponível em: https://www.gov.br/participamaisbrasil/regulamento-encarregado. Acesso em: 18 jun. 2024.

Vale ressaltar que tal obrigação se estende aos Agentes de Tratamento de Pequeno Porte (ATPP), conforme prevê o art. 9º da Resolução CD/ANPD n. 2, que estabelece o Regulamento de Aplicação da LGPD para tais agentes. Contudo, o registro poderá ocorrer de forma simplificada, seguindo as próprias orientações fornecidas pela Autoridade.

E, em que pese a LGPD não determine expressamente que o *RoPA* deve ser revisado e atualizado, como é um documento vivo que figura como espelho das reais atividades realizadas pela organização, é importante que se adote procedimentos que assegurem a atualização precisa e regular do documento, sempre que necessário, sobretudo considerando a realidade dinâmica da maioria das empresas, em que mudanças e alterações nas atividades de tratamento ocorrem a todo momento.

A atualização geralmente ocorre de forma manual e representa um desafio para as empresas, o que exige que um processo interno seja estruturado e seguido pelas áreas, para que o responsável seja acionado oportunamente e reflita as alterações da atividade de tratamento no documento.

O registro detalhado de tratamento representa uma forma de observância ao princípio da responsabilização e prestação de contas, previsto no art. 6º, X, da LGPD, pois é um modo pelo qual o agente de tratamento (controlador e operador) demonstra que adota medidas eficazes de comprovar o fiel cumprimento das normas de proteção de dados pessoais.

Ao construir o inventário, a organização deve primeiramente selecionar a ferramenta e a metodologia que irá adotar, podendo ser planilhas, *softwares* de governança de privacidade, sistema desenvolvido internamente ou outro meio. Não há a metodologia mais certa ou a ferramenta mais adequada, mas sim aquela que atenda às necessidades da organização, sejam operacionais ou financeiras.

O mapeamento dos dados pode ocorrer de diferentes formas. As Autoridades de Proteção de Dados, inclusive, costumam fornecer modelos que podem servir como parâmetros para o levantamento das informações, e no mercado há diversas opções de ferramentas para todos os portes e orçamentos.

A LGPD não determina quais as informações devem constar no inventário de dados, contudo, a ANPD, em cumprimento ao parágrafo único do art. 9º da Resolução CD/ANPD n. 2[4], publicou em seu sítio

---

[4] ANPD, Autoridade Nacional de Proteção de Dados. Resolução CD/ANPD n. 2, de 27 de janeiro

eletrônico o modelo de registro simplificado direcionado aos agentes de pequeno porte, contendo oito principais campos de preenchimento considerados essenciais e que podem ser objetos de análises em uma eventual fiscalização pela Coordenação-Geral de Fiscalização da ANPD[5].

A sugestão da ANPD traz como campos necessários:

i. informações de contato da instituição;

ii. categorias de titulares de dados pessoais;

iii. dados pessoais;

iv. compartilhamento de dados;

v. medidas de segurança (que podem ser consultadas no Guia Orientativo sobre Segurança da Informação para Agentes de Tratamento de Pequeno Porte[6]);

vi. período de armazenamento dos dados pessoais;

vii. processo;

viii. finalidade e hipótese legal; e

ix. observações.

Ocorre que o projeto de inventário de dados pessoais não deve ser pensado somente objetivando o cumprimento da legislação e orientações emitidas pela ANPD. É preciso que o mapeamento seja conduzido visando a eficiência operacional, a melhoria no desempenho dos processos, utilizando técnicas para torná-lo mais ágil e de modo a agregar valor ao negócio.

Para tanto, é importante entender o contexto da empresa, qual é a principal atividade, como é a estrutura organizacional, quem são e como ocorrem as interações da organização com os titulares de dados pessoais e quais áreas tratam dados pessoais e dados pessoais sensíveis.

---

de 2022. Disponível em: https://www.gov.br/anpd/pt-br/documentos-e-publicacoes/regulamentacoes-da-anpd/resolucao-cd-anpd-no-2-de-27-de-janeiro-de-2022. Acesso em: 14 jun. 2024.

[5] ANPD divulga modelo de registro simplificado de operações com dados pessoais para Agentes de Tratamento de Pequeno Porte (ATPP). Disponível em: https://www.gov.br/anpd/pt-br/assuntos/noticias/anpd-divulga-modelo-de-registro-simplificado-de-operacoes-com-dados--pessoais-para-agentes-de-tratamento-de-pequeno-porte-atpp. Acesso em: 14 jun. 2024.

[6] SILVA, A.; RORATTO, L.; SERVAT, M. E.; DORNELES, L.; POLACINSKI, E.; Gestão da qualidade: aplicação da ferramenta 5W2H como plano de ação para projeto de abertura de uma empresa. In: Semana Internacional de Engenharia de Fahor (SIEF), III. *Anais*. Horizontina/RS, 2013.

Como parte deste projeto deve-se considerar o desenho estratégico do mapeamento de processos para conduzir um trabalho com métodos e ferramentas que possibilitam atender aos requisitos da legislação, como, por exemplo, a Metodologia 5W2H.

A Metodologia 5W2H é um *checklist* de atividades que precisam ser desenvolvidas dentro de um projeto. O método parte de questões simples para direcionar a construção do inventário de dados pessoais e permite visualizar um plano de ação específico e alinhado aos objetivos de negócio.

Nesse sentido, a metodologia poderá ser utilizada para descrever todas as etapas necessárias do *RoPA* e promover respostas diretas por meio de um roteiro organizado que parte de perguntas-chaves. O acrônimo 5W (*What/Which, Why, Where, When, Who*) e 2H (*How, How long/much*) se desdobra, portanto, em pontos de análises essenciais para a conformidade.

WHAT O que será feito com o dado pessoal?	Conhecer o ciclo de vida do dado pessoal.
WHICH Quais dados pessoais tratados?	Quais são os dados pessoais tratados (dados pessoais e dados pessoais sensíveis).
WHEN Quando iniciou o tratamento?	Em que momento que o dado pessoal é coletado, entender a origem, se o dado vem de fonte direta ou indireta.
WHY Por que o dado será tratado?	Entender o propósito do tratamento do dado pessoal, identificar a finalidade para então atribuir a base legal mais adequada, de acordo com os arts. 7º e 11 da LGPD.
WHO A quem os dados se referem? Por quem será realizado o tratamento?	Conhecer quem é o dono do dado pessoal (por exemplo: cliente, colaborador, prestador de serviço, visitante/terceiro). Se o tratamento envolve titulares vulneráveis (criança, adolescente ou idosos – considerados de alto risco pela Resolução CD/ANPD n. 2). Por quem os dados pessoais serão tratados (identificar a área/departamento da organização) responsável pelo fluxo/processo.
WHERE Onde o dado pessoal será tratado?	Levantar onde as informações serão tratadas (sistemas internos ou externos), se há transmissão interna (entre áreas/departamentos), compartilhamento com outros controladores e se há transferência internacional, identificando o país de destino.

Capítulo 4 • Registro de atividade de tratamento de dados pessoais

HOW Como será feito o tratamento do dado pessoal?	Compreender como o dado será tratado, verificar se em formato físico ou digital e consultar as medidas de segurança aplicadas – art. 46 da LGPD.
HOW LONG/MUCH Por quanto tempo o dado pessoal ficará retido? Qual o custo a nível de sistemas, cultura e governança?	Conhecer o prazo de retenção do dado pessoal e o investimento/custos para a conformidade.

No contexto de mapeamento de dados pessoais, a referida metodologia permite oferecer à organização técnicas para estruturar planos de ações de forma estratégica e direcionada, tanto a nível corporativo quanto departamental, bem como uma visibilidade ágil e eficaz das operações de tratamento de dados pessoais, de modo que as áreas de negócio atendam os requisitos legais e organizacionais.

É um método capaz de oferecer um conhecimento abrangente e direcionado à eficiência operacional em linha a estratégia empresarial, pois permite estruturar as informações para compreender o ciclo de vida do dado pessoal e melhorar a governança.

A obtenção das informações poderá se dar por meio de realização, junto às principais áreas de negócio da organização, de entrevistas dos pontos focais que são *owners* dos processos que envolvem os dados pessoais. Importante que as perguntas sejam objetivas, diretas e realizadas para pessoas que conheçam da operação, de modo que seja possível o entrevistador obter respostas precisas e documentar o caminho percorrido pelo dado dentro e fora da organização.

A entrevista a ser conduzida, no entanto, não pode ser interpretada como uma auditoria da área entrevistada, pois o foco do responsável pelo mapeamento é tão somente extrair um retrato daquele fluxo de dados, para, posteriormente, emitir recomendações visando a conformidade com a legislação e atendimento dos objetivos estratégicos e organizacionais.

Assim, é recomendável que seja realizado previamente um *workshop* com as áreas-alvo, para fins de esclarecimento do objetivo do trabalho, da metodologia aplicada e dos principais conceitos da legislação, como forma de obter o engajamento de todos, sobretudo da Alta Direção, e de tê-los orientados para um mesmo fim. Além disso, o entendimento do modelo de negócio é essencial para o direcionamento do trabalho.

A metodologia adotada deve direcionar o que a área deverá responder e permitir que a organização tenha mais agilidade no processo de atualização do *RoPA*, bem como agregar valor às áreas de negócio, que terão planos de ação mais precisos e direcionados à conformidade, sem perder de vista o aspecto negocial da operação. É importante que o documento sinalize inclusive os fluxos de dados de alto risco que necessitam da elaboração de Relatório de Impacto à Proteção de Dados Pessoais.

A proposta possibilita, portanto, construir uma esteira de trabalho em camadas, gerando informações sobre quais áreas de negócio demandam mais esforço, necessitam de mais recursos e quais as oportunidades de melhoria sob o aspecto de sistemas, cultura e governança. Essa visão detalhada é essencial para identificar políticas internas relevantes.

Para gerar valor à organização, o mapeamento deve ser desenhado ajustado ao perfil de risco de privacidade do negócio e de modo que seja possível visualizar ações específicas, que serão desenvolvidas por cada área/departamento. Além do que, deve permitir que a Alta Direção consiga ter clareza dos custos e benefícios envolvidos, priorizar os processos conforme criticidade e estabelecer um planejamento estratégico que ataque sobretudo os pontos considerados alvos de fiscalização pela ANPD e demais órgãos reguladores.

O projeto de mapeamento de dados não é tarefa fácil, mas é sem sombra de dúvidas a principal etapa do Programa de Privacidade, pois é a partir do inventário que o agente de tratamento tem o controle e transparência de todas as ações que deverão ser conduzidas para o atendimento dos requisitos da LGPD. E a adoção de uma abordagem estruturada e madura permite que a organização trace uma jornada do *compliance* à eficiência operacional.

REFERÊNCIAS

AUTORIDADE NACIONAL DE PROTEÇÃO DE DADOS. ANPD divulga modelo de registro simplificado de operações com dados pessoais para Agentes de Tratamento de Pequeno Porte (ATPP). Disponível em: https://www.gov.br/anpd/pt-br/assuntos/noticias/anpd-divulga-modelo-de-registro-simplificado-de-operacoes-com-dados-pessoais-para-agentes-de-tratamento-de-pequeno-porte-atpp. Acesso em: 14 jun. 2024.

AUTORIDADE NACIONAL DE PROTEÇÃO DE DADOS. Guia Orientativo de Segurança da Informação para Agentes de Tratamento de Pequeno Porte. Disponível em: https://www.gov.br/anpd/pt-br/documentos-e-publicacoes/guia-vf.pdf. Acesso em: 13 jun. 2024.

AUTORIDADE NACIONAL DE PROTEÇÃO DE DADOS. Guia Orientativo para Definições dos Agentes de Tratamento de Dados Pessoais e do Encarregado. 2022. Disponível em: https://www.gov.br/anpd/pt-br/documentos-e-publicacoes/2021.05.27GuiaAgentesdeTratamento_Final.pdf. Acessado em: Acesso em: 12 jun. 2024.

AUTORIDADE NACIONAL DE PROTEÇÃO DE DADOS. Regulamento sobre a atuação do Encarregado. Disponível em: https://www.gov.br/participamaisbrasil/regulamento-encarregado. Acesso em: 18 jun. 2024.

CORRÊA, Henrique L.; CAON, Mauro. *Gestão de serviços*: lucratividade por meio de operações e de satisfação dos clientes. São Paulo: Atlas, 2002.

INTERNATIONAL ASSOCIATION OF PRIVACY PROFESSIONALS. *How to build a ROPA to fit business, privacy needs*. Disponível em: https://iapp.org/news/a/how-to-build-a-ropa-to-fit-business-privacy-needs. Acesso em: 19 jun. 2024.

OLIVEIRA, Djalma de Pinho Rebouças. *Sistema, organização & métodos*: uma abordagem gerencial. 20. ed. São Paulo: Atlas, 2011.

PINHEIRO, Patricia Peck. *Proteção de Dados Pessoais*: comentários à Lei n. 13.709/2018 (LGPD). 4. ed. São Paulo: Saraiva Jur, 2023.

ROTONDARO, Roberto G. *Seis Sigma*: estratégia gerencial para a melhoria de processos, produtos e serviços. São Paulo: Atlas, 2002.

SILVA, A.; RORATTO, L.; SERVAT, M. E.; DORNELES, L.; POLACINSKI, E. Gestão da qualidade: aplicação da ferramenta 5W2H como plano de ação para projeto de abertura de uma empresa. In: Semana Internacional de Engenharia de Fahor (SIEF), III. *Anais*. Horizontina/RS, 2013.

CAPÍTULO 5
Conscientização 5.0: eficácia, cultura e mudança de comportamento

Aline Fuke Fachinetti[1]
Céu Serikawa Balzano[2]

INTRODUÇÃO

Com o uso massivo de dados, a proteção de dados pessoais tornou-se essencial para as organizações. No entanto, a conscientização sobre este tema crucial (ainda) é negligenciada. Por exemplo, segundo pesquisa da Universidade de Stanford, 88% dos vazamentos de dados ocorrem por erro humano[3], seja por envio equivocado de informações confidenciais ou ao clicar em *links* maliciosos. Isso destaca a urgência de

---

[1] Gerente Sr. Regional de Proteção de Dados Pessoais na Edenred para a Região Américas, criadora de jogos e materiais de conscientização em privacidade, proteção de dados e temas relacionados à tecnologia. LL.M em Innovation, Technology and the Law na University of Edinburgh, com pesquisa focada em Inteligência Artificial. Chevening Scholar. Especialista em Direito Empresarial pela FGV Direito SP. Bacharel em Direito pela PUC-SP. Cofundadora e Diretora da Associação Juventude Privada. 40 under 40 pelo Global Data Review e Fellow of Information Privacy pela IAPP. IAPP Women Leading Privacy Section Leader e ex-membro do conselho consultivo da IAPP Women Leading Privacy Board. Vice-presidente da Comissão de Direito Digital e *Compliance* da 17ª subseção da OAB/SP. Certificada como DPO BR (CDPO/BR), AI Governance Professional (AIGP), Privacy Manager (CIPM), Privacy Professional Europe (CIPP) e Google Project Management. Curso Executivo de Gestão e Inovação em Projetos na ISCTE Lisboa e de Privacy Law and Policy na University of Amsterdam.

[2] Head de Segurança da Informação, responsável por desenvolver, implementar e gerenciar programas de conscientização sobre segurança da informação dentro das organizações. Com passagens por empresas como Nubank, Dlocal e EBANX, atualmente é diretora na CULTSEC. Acompanha a eficácia dos programas de conscientização de segurança analisando métricas, como as taxas de cliques em módulos de treinamento de segurança e os resultados de simulações de *phishing*. Relatórios regulares são fornecidos à administração para demonstrar melhorias na conscientização dos funcionários e na postura de segurança.

[3] TESSIAN. The Psychology of Human Error 2022. Disponível em: https://www.tessian.com/resources/psychology-of-human-error-2022/. Acesso em: 6 jul. 2024.

capacitar e engajar os colaboradores em prol da privacidade e proteção de dados[4].

Embora o cenário atual seja preocupante, acreditamos que, com o tempo, a conscientização sobre privacidade se tornará parte intrínseca da cultura organizacional. Até lá, é vital que os agentes de tratamento priorizem este tema. A eficácia das políticas internas depende de sua implementação prática no cotidiano. Afinal, a eficácia das políticas e normativos internos depende da sua implementação prática no dia a dia da organização. Não basta apenas fornecer aos funcionários manuais e treinamentos; é necessário que eles incorporem os princípios de privacidade e proteção de dados em suas atividades cotidianas[5].

1. PESSOAS COMO A PRIMEIRA LINHA DE DEFESA CONTRA RISCOS E DE PROMOÇÃO DA PROTEÇÃO DE DADOS

Consideremos a teoria das linhas de defesa[6], um modelo de governança corporativa reconhecido, que descreve o papel das diferentes partes na gestão de riscos, com três linhas de defesa atuando em conjunto para garantir proteção abrangente. A primeira linha de defesa é composta pelos colaboradores, que são responsáveis por identificar, avaliar e mitigar riscos operacionais, incluindo aqueles relacionados à proteção de dados, implementando práticas seguras no dia a dia. A segunda linha envolve funções de gestão de riscos e conformidade, que estabelecem políticas e monitoram a eficácia dos controles da primeira linha. A terceira linha de defesa é formada por auditores que fornecem garantias independentes sobre a eficácia das duas primeiras linhas.

Nesse contexto, o papel do colaborador é fundamental. Eles não apenas executam as políticas de privacidade, mas também são responsáveis por detectar e relatar problemas de segurança, contribuindo

---

[4] FORBES Brasil. Seus funcionários podem tornar a empresa menos vulnerável a ciberataques. Disponível em: https://forbes.com.br/carreira/2023/05/seus-funcionarios-podem-tornar-a-empresa-menos-vulneravel-a-ciberataques/. Acesso em: 6 jul. 2024.

[5] FACHINETTI, Aline Fuke. Como promover um programa eficaz de proteção de dados pessoais. JOTA, 28 nov. 2023. Disponível em: https://www.jota.info/opiniao-e-analise/artigos/como-promover-um-programa-eficaz-de-protecao-de-dados-pessoais-28112023. Acesso em: 16 jun. 2024.

[6] Instituto Brasileiro de Governança Corporativa (IBGC). Governança Corporativa: Guia de Referência para Conselheiros de Administração. Disponível em: https://www.ibgc.org.br/conteudo/publicacoes/publicacoes_detalhes.asp?publicacao_id=72. Acesso em: 16 jun. 2024.

ativamente para a criação de um ambiente seguro. Investir na conscientização e treinamento contínuo dos colaboradores é, portanto, uma estratégia vital para qualquer organização que queira fortalecer sua postura de segurança e conformidade.

No entanto, mais do que simplesmente reagir a ameaças e vulnerabilidades, as pessoas podem assumir um papel mais proativo na proteção de dados, agindo como "atacantes" em campo. Isso significa que elas não apenas poderiam ser aquelas que seguem as políticas e procedimentos estabelecidos, mas também poderiam buscar identificar possíveis brechas e propor soluções inovadoras para fortalecer ainda mais a segurança dos dados. Assim, ao invés de as pessoas serem vistas como o elo mais fraco, elas se tornam o elo mais forte de segurança e proteção na organização. Essa abordagem proativa pode ser incentivada por meio de uma cultura organizacional que valorize as pessoas em prol da proteção de dados como um ativo estratégico, e mediante aplicação dos *insights* discutidos adiante.

2. PROGRAMA DE CONSCIENTIZAÇÃO

2.1. Aspectos preliminares a considerar

Antes de adentrarmos no programa de conscientização e em como estruturá-lo, é crucial reconhecer que os colaboradores têm suas próprias prioridades e metas na organização, que nem sempre estão alinhadas com as diretrizes de privacidade e proteção de dados (apesar dos esforços incessantes dos DPOs). Não podemos esperar que a proteção de dados seja implementada apenas com vídeos ou *e-learnings* não envolventes. A economia comportamental nos mostra que as pessoas sofrem de sobrecarga de informações e carga cognitiva[7], o que pode afetar a própria capacidade humana fisiológica de absorver novas diretrizes.

Diante disso, precisamos ser estratégicos e criativos. Abordagens tradicionais não bastam; é necessário inovar para engajar os colaboradores. Além disso, a liderança tem um papel vital ao demonstrar comprometimento com a proteção de dados, influenciando positivamente os funcionários. A conscientização deve ser parte da estratégia organizacional, com ações práticas e contínuas para manter a privacidade e a

---

[7] KAHNEMAN, Daniel. *Rápido e devagar:* duas formas de pensar. Rio de Janeiro: Objetiva, 2012.

proteção de dados sempre presentes no ambiente de trabalho. Abordaremos algumas ideias específicas para como fazer isso de forma eficaz.

2.2. Desenhando e executando o programa

A primeira fase que propomos para desenhar o seu Plano de Conscientização é mapear seus *stakeholders*, identificando todos os indivíduos e grupos que têm interesse ou serão impactados na organização. Isso pode incluir até mais do que colaboradores, por exemplo, fornecedores, clientes ou parceiros, a depender da sua estratégia e objetivos. Em seguida, sabendo a quem o Plano se destinará, sugerimos que seja realizada uma avaliação das situações específicas que exigem proteção de dados na sua organização para garantir que a conscientização seja específica e assertiva – em vez de genérica e inaplicável por seus *stakeholders*. Nesta fase, alguns profissionais optam por também conduzir uma avaliação preliminar da maturidade de conscientização existente no tema, por exemplo, avaliando o nível atual de conhecimento dos colaboradores sobre segurança da informação e práticas de proteção de dados, identificando lacunas que precisam ser abordadas ou reforçadas.

Com esse panorama geral, e sabendo quem se quer impactar e com qual escopo, é possível desenvolver um plano direcionado para o Programa de Conscientização. Recomendamos que o programa inclua materiais educativos, treinamentos e campanhas de conscientização, em diversas formas e meios, que engajem e gerem emoções nos colaboradores. Aqui, o céu é o limite: quanto mais criatividade e inovação, certamente mais memorável seu programa será.

Existem diversas estratégias eficazes para conscientização em privacidade que vão muito além do *e-learning* obrigatório, muitas vezes considerado maçante e ineficaz. Para combater essa ineficácia, devemos explorar abordagens inovadoras e envolventes. O *microlearning*, por exemplo, oferece conscientização rápida e estratégica, entregando informações em pequenos blocos de conteúdo que facilitam a absorção e retenção. Técnicas de gamificação (como jogos temáticos, palavras cruzadas e outras atividades interativas sobre o tema publicamente disponíveis[8]) também têm se mostrado altamente eficazes.

---

[8] FACHINETTI, Aline Fuke. Jogo LGPD. *LGPD Acadêmico*. Disponível em: https://www.lgpdacademicooficial.com.br/materiais/74c32325-7151-4107-a5b6-49d32e337449. Acesso em: 2 jun. 2024; FACHINETTI, Aline Fuke. Palavras Cruzadas LGPD. *LGPD Acadêmico*. Disponível

Empresas especializadas em gamificação, como *lawtechs* e *edtechs*[9], estão liderando essas iniciativas, criando até experiências como teatros imersivos e *escape rooms* de privacidade. Simulações de *phishing* também são eficazes para manter a aprendizagem no tema. Existem muitos *cases* de sucesso em que empresas avaliaram seu risco humano por meio de *phishings* simulados e unificaram as evidências de treinamento em uma plataforma integrada.

Aproveite datas especiais para dar visibilidade ao programa. O Dia Internacional da Privacidade, em 28 de janeiro, e o Dia Nacional da Privacidade em homenagem ao saudoso Danilo Doneda, em julho, são oportunidades para ações dedicadas. A semana da cibersegurança em novembro também é importante. Outras datas-chave, como o Dia das Crianças e as férias, podem ser usadas para promover conteúdos específicos sobre privacidade. Acreditamos que, ao entender as atitudes corretas em sua vida pessoal, as pessoas se tornam mais prudentes, conscientes e proativas no trabalho.

Para colocar tudo em prática, ter uma estratégia bem definida é crucial. Um plano documentado, com objetivos claros para o período, alocação de orçamento e tempo para as ações, é fundamental. Ainda, uma apresentação executiva sobre o programa de conscientização pode ser preparada para a alta administração. Destaque a importância do programa, os riscos identificados, os objetivos com as métricas de sucesso e os benefícios esperados. Isso ajuda a obter o apoio necessário e reforça a relevância do tema na organização.

2.2.1. Estrutura de *privacy champions*

Além das estratégias mencionadas, diversas organizações adotam o conceito de *privacy champions* (ou embaixadores de privacidade, agentes de conformidade, dentre outras nomenclaturas) para promover a privacidade de dados em todas as suas áreas[10]. Eles são agentes que

---

em: https://www.lgpdacademicooficial.com.br/materiais/d7fc4c8e-0d4c-4e78-a23a-4387 a73a23f8. Acesso em: 2 jun. 2024; Juventude Privada. Disponível em: https://www.juventudeprivada.org/materiais. Acesso em: 6 jul. 2024.

[9] CULTSEC. Disponível em: https://www.cultsec.com.br/. Acesso em: 6 jul. 2024.

[10] The Privacy Guru. Privacy Champions – Building a Culture of Privacy. 2021. Disponível em: https://www.theprivacyguru.com/privacy-champions-building-a-culture-of-privacy. Acesso em: 15 jun. 2024; IAPP. Data Privacy Day: How privacy champions can build a privacy-centric culture. 2020. Disponível em: https://iapp.org/news/a/data-privacy-day-how-privacy-champions-can-build-a-privacy-centric-culture. Acesso em: 15 jun. 2024.

levam os temas de privacidade para suas respectivas áreas, servindo como extensões da equipe de proteção de dados. Dado que muitas vezes a área de proteção de dados é enxuta, contar com pessoas proativas e reconhecidas por suas habilidades pode fazer toda a diferença.

Os *champions* desempenham um papel crucial ao atuar como defensores do programa de privacidade da organização e como intermediários entre suas equipes e o Escritório/área de Privacidade. Eles ajudam a promover o programa e a engajar equipes e *stakeholders*, facilitando a disseminação de políticas e práticas de privacidade *on the ground*, ou seja, na prática diária. Eles relatam incidentes de privacidade e quaisquer questões ao time de privacidade, ajudando a implementar iniciativas e mudanças de processos conforme necessário. Isso inclui a detecção e documentação de incidentes, trabalhando com equipes afetadas para implementar respostas necessárias e minimizar impactos futuros. Além disso, podem também ajudar a relembrar dos fluxos de análises de projeto para garantir o *privacy by design*. Usualmente, também como ponto de contato entre a área deles e o DPO. Eles comunicam atualizações e anúncios do time de privacidade, bem como ajudam a coordenar a atualização dos registros de atividades de processamento de dados.

Implementar um programa com *champions* pode trazer diversos benefícios, como maior alcance e eficiência na conscientização, resposta eficaz a incidentes de privacidade e a construção de uma cultura de privacidade sustentável. Porém, para estruturar um programa como este, que tenha sucesso, é importante escolher indivíduos que sejam comunicadores eficazes e influentes em suas áreas, mesmo que não tenham expertise em privacidade, e, principalmente, dedicar tempo e energia para mantê-los ativos.

2.3. Mensurando o programa

A construção de KPIs de monitoramento contínuo e indicadores de sucesso é essencial para garantir a eficácia do programa de conscientização em privacidade. Esses indicadores-chave de desempenho são fundamentais para avaliar o impacto das iniciativas e ajustar as estratégias conforme necessário. Exemplos de KPIs incluem a redução de incidentes de segurança, a participação em treinamentos, aprovação em testes de conhecimento, satisfação ou NPS com cursos e ações, e a conformidade com políticas. Adicionalmente, podem ser incluídos o percentual de funcionários treinados, o número de certificações de privacidade obtidas, engajamento de funcionários, o número de materiais de apoio criados e visualizados (como e-mails de conscientização, notícias, visitantes de *links*, *playbooks* internos e número de *privacy champions*), e funções na organização com as quais se interage mais frequentemente[11].

Já para medir o progresso de um programa de conscientização, o modelo de maturidade da SANS para conscientização em segurança cibernética[12] é uma ferramenta valiosa que pode ser adaptada para times de privacidade e proteção de dados pessoais. O modelo SANS apresenta cinco níveis de maturidade:

(1) Inexistente: Não há programa de conscientização; os colaboradores não estão cientes de que são os alvos de um programa deste tipo e não entendem como suas ações impactam a segurança da organização;

(2) Focado em Conformidade: O programa é desenhado principalmente para cumprir requisitos específicos de conformidade ou auditoria, com treinamentos esporádicos;

(3) Promoção de Conscientização e Mudança de Comportamento: O programa identifica grupos-alvo e tópicos de treinamento que têm maior impacto na gestão de riscos humanos e oferece reforço contínuo ao longo do ano;

(4) Sustentação a Longo Prazo e Mudança Cultural: O programa possui processos e recursos para um ciclo de vida longo, revisando e atualizando anualmente, integrando-se na cultura organizacional; e

(5) Estrutura de Métricas Estratégicas: O programa é robusto o suficiente para fornecer métricas que demonstram progresso e impacto efetivamente, alinhando-se com a missão da organização e mostrando retorno sobre o investimento (ROI).

Traduzindo-os para proteção de dados pessoais, por exemplo, teríamos o nível "Inexistente" quando os colaboradores desconhecem as políticas de proteção de dados; no nível "Focado em Conformidade",

---

[11] Future of Privacy Forum. *Privacy Metrics Report*. Disponível em: https://fpf.org/wp-content/uploads/2022/03/FPF-PrivacyMetricsReport-R9-Digital.pdf. Acesso em: 6 jul. 2024.
[12] SANS. Managing Human Risk with the Security Awareness Maturity Model. Disponível em: https://www.sans.org/security-awareness-training/resources/maturity-model/. Acesso em: 10 jun. 2024.

quando a empresa atende apenas às exigências básicas da LGPD; e nos níveis mais avançados, quando há uma integração das práticas de privacidade na cultura organizacional e a capacidade de medir, demonstrar e aprimorar de forma cada vez mais constante a eficácia do programa.

Com isso, consideramos fundamental que o plano de conscientização considere, de forma estratégica, onde a organização está atualmente e aonde deseja chegar. Utilizar uma metodologia de maturidade como a do SANS pode ajudar a criar um *roadmap* estruturado para progresso neste pilar, garantindo que as iniciativas não sejam apenas reativas, mas estratégicas e orientadas para a transformação cultural efetiva.

2.4. Resultados, documentação e *accountability*

Adicionalmente, como tudo relacionado às leis de proteção de dados pessoais, como a LGPD, *accountability* (prestação de contas) e responsabilização são chave. Não podemos apenas cumprir a LGPD e envidar esforços, precisamos documentá-los e ter instrumentos aptos a demonstrá-los efetivamente. Para isso, a dica que damos é simples: pode ser um documento simples, com os meses (ou trimestres) do ano em questão ou qualquer métrica que usualmente se usa na sua organização. Este documento conteria, numa tabela, as ações realizadas, seu impacto (métricas específicas, como número de pessoas impactadas) e evidências da realização (como *prints*, *links*, e outras referências).

Ao final do ano, o DPO pode assinar ou emitir a versão final em PDF para documentar e evidenciar cada uma das ações de conscientização implementadas, bem como seu impacto e alcance. Se possível, é importante incluir os resultados gerados, como mudanças de comportamento, diminuição no volume de incidentes gerados por erro humano, aumento na identificação de situações de risco reportadas ao DPO, ou até diminuição no número de planilhas circulando com mais colunas do que o necessário (caso não seja possível medir isso, até um e-mail de lideranças de uma área demonstrando conscientização ou preocupações pode servir de evidência) ou as demais métricas anteriormente discutidas nesta obra.

Tudo isso pode ajudar a medir o real impacto das ações de conscientização e evidenciar a verdadeira transformação cultural na organização. A documentação precisa ser clara e detalhada, pois serve tanto para auditorias (internas, externas ou, inclusive, eventual ação da ANPD) quanto para o acompanhamento interno da eficácia das iniciativas de privacidade. Ao criar um histórico dessas ações e seus resultados, a organização pode ajustar suas estratégias e melhorar continuamente seu programa de conscientização.

CONSIDERAÇÕES FINAIS

A conscientização é essencial para efetivar a proteção de dados para além do papel. Com uma abordagem estruturada e alinhada aos objetivos organizacionais, podemos criar uma cultura robusta e sustentável. Pilares bem definidos e passos claros permitem transformar a privacidade em uma prática viva, integrando-a ao cotidiano dos colaboradores de forma preventiva e proativa.

No fim das contas, um programa de conscientização bem-sucedido transforma a privacidade em um valor central da cultura organizacional, engajando todos em uma missão comum de proteção e uso responsável dos dados. Liderança comprometida, documentação rigorosa e mensuração contínua são fundamentais para ajustar estratégias e garantir melhorias contínuas e, claro, não pode faltar muita criatividade para manter o programa interessante – só assim iremos garantir que cada um se torne não apenas um defensor, mas um promotor da proteção de dados e privacidade, integrando essa responsabilidade em todas as suas ações diárias.

Para manter a inovação e o engajamento no programa, é vital trocar *benchmarks* e experiências com outras organizações. Participar de comunidades de proteção de dados, compartilhar práticas bem-sucedidas e aprender com os desafios dos outros nos permite evoluir continuamente. Assim, construímos, juntos, um futuro em que a privacidade é um valor compartilhado e promovido por todos.

REFERÊNCIAS

CULTSEC. Sobre a Cultsec. Disponível em: https://www.cultsec.com.br/. Acesso em: 6 jul. 2024.

FACHINETTI, Aline Fuke. Como promover um programa eficaz de proteção de dados pessoais. *JOTA*, 28 nov. 2023. Disponível em: https://www.jota.info/opiniao-e-analise/artigos/como-promover-um-programa-eficaz-de-protecao-de-dados-pessoais-28112023. Acesso em: 16 jun. 2024.

FACHINETTI, Aline Fuke. Jogo LGPD. *LGPD Acadêmico*. Disponível em: https://www.lgpdacademicooficial.com.br/materiais/74c-32325-7151-4107-a5b6-49d32e337449. Acesso em: 2 jun. 2024.

FACHINETTI, Aline Fuke. Palavras Cruzadas LGPD. LGPD Acadêmico. Disponível em: https://www.lgpdacademicooficial.com.br/materiais/d7fc4c8e-0d4c-4e78-a23a-4387a73a23f8. Acesso em: 2 jun. 2024.

FORBES Brasil. Seus funcionários podem tornar a empresa menos vulnerável a ciberataques. Disponível em: https://forbes.com.br/carreira/2023/05/seus-funcionarios-podem-tornar-a-empresa-menos-vulneravel-a-ciberataques/. Acesso em: 6 jul. 2024.

Future of Privacy Forum. *Privacy Metrics Report*. Disponível em: https://fpf.org/wp-content/uploads/2022/03/FPF-PrivacyMetricsReport-R9-Digital.pdf. Acesso em: 6 jul. 2024.

IAPP. Data Privacy Day: How privacy champions can build a privacy-centric culture. 2020. Disponível em: https://iapp.org/news/a/data-privacy-day-how-privacy-champions-can-build-a-privacy-centric-culture. Acesso em: 15 jun. 2024.

Instituto Brasileiro de Governança Corporativa (IBGC). Governança Corporativa: Guia de Referência para Conselheiros de Administração. Disponível em: https://www.ibgc.org.br/conteudo/publicacoes/publicacoes_detalhes.asp?publicacao_id=72. Acesso em: 16 jun. 2024.

Juventude Privada. *Materiais Juventude Privada*. Disponível em: https://www.juventudeprivada.org/materiais. Acesso em: 6 jul. 2024.

KAHNEMAN, Daniel. *Rápido e devagar:* duas formas de pensar. Rio de Janeiro: Objetiva, 2012.

NIST. Guide for Conducting Risk Assessments. *NIST Special Publication 800-30*, 2012. Disponível em: https://nvlpubs.nist.gov/nistpubs/Legacy/SP/nistspecialpublication800-30r1.pdf. Acesso em: 18 jun. 2024.

SANS. Managing Human Risk with the Security Awareness Maturity Model. Disponível em: https://www.sans.org/security-awareness-training/resources/maturity-model/. Acesso em: 10 jun. 2024.

TESSIAN. The Psychology of Human Error 2022. Disponível em: https://www.tessian.com/resources/psychology-of-human-error-2022/. Acesso em: 6 jul. 2024.

The Privacy Guru. Privacy Champions – Building a Culture of Privacy. 2021. Disponível em: https://www.theprivacyguru.com/privacy-champions-building-a-culture-of-privacy. Acesso em: 15 jun. 2024.

CAPÍTULO 6
Operacionalização interna da governança, políticas e procedimentos

Ana Rita Bibá Gomes de Almeida[1]
Eduardo Beirouti de Miranda Roque[2]

INTRODUÇÃO

O tratamento ético dos dados pessoais tornou-se um dos principais desafios para organizações em todo o mundo. Em um cenário de crescente volume de dados pessoais tratados e uma economia cada vez mais dependente desse tratamento, a necessidade de protegê-los foi refletida em regulamentações mundo afora, que passaram a estabelecer padrões rigorosos para garantir que as organizações implementem práticas robustas de privacidade e proteção de dados.

É nesse contexto que a governança de dados emerge como um sistema essencial que adequa, direciona e monitora as organizações no tratamento de dados pessoais, garantindo conformidade com as regulamentações aplicáveis e o estabelecimento de uma relação de confiança entre aqueles que tratam os dados pessoais, seus *stakeholders*, clientes e titulares.

Este artigo tem como objetivo detalhar a operacionalização dessa governança, direcionando o foco para a criação de uma estrutura apropriada, a implementação de políticas e normas, o monitoramento e a avaliação de sua maturidade de tempos em tempos. Exploraremos os

---

[1] CIPM e CDPO/BR pela Associação Internacional de Profissionais da Privacidade (IAPP). Advogada de Privacidade, Proteção de Dados e Inteligência Artificial, gestora do time de Proteção de Dados e Inteligência Artificial no Opice Blum, Bruno Advogados. Professora convidada em cursos de privacidade e proteção de dados em diversas instituições do país. E-mail de contato: ana.almeida@opiceblum.com.br.

[2] Advogado com mais de 20 anos de atuação na área jurídica e cinco anos de especialização em privacidade e proteção de dados. Formado em Direito pela Universidade Presbiteriana Mackenzie, onde cursa Mestrado em Direito Político e Econômico, possui certificações CIPM e CDPO/BR pela IAPP.

diferentes modelos de governança, a importância de uma estrutura organizacional adequada e os componentes essenciais de um programa de privacidade eficaz.

1. A GOVERNANÇA CORPORATIVA E A GOVERNANÇA DE DADOS

O art. 50 da Lei Geral de Proteção de Dados Pessoais (LGPD) dispõe que:

> Os controladores e operadores, no âmbito de suas competências, pelo tratamento de dados pessoais, individualmente ou por meio de associações, poderão formular regras de boas práticas e de governança que estabeleçam as condições de organização, o regime de funcionamento, os procedimentos, incluindo reclamações e petições de titulares, as normas de segurança, os padrões técnicos, as obrigações específicas para os diversos envolvidos no tratamento, as ações educativas, os mecanismos internos de supervisão e de mitigação de riscos e outros aspectos relacionados ao tratamento de dados pessoais.

De acordo com o Instituto Brasileiro de Governança Corporativa – IBGC[3], a governança corporativa é:

> um sistema formado por princípios, regras, estruturas e processos pelo qual as organizações são dirigidas e monitoradas, com vistas à geração de valor sustentável para a organização, para seus sócios e para a sociedade em geral. Esse sistema baliza a atuação dos agentes de governança e demais indivíduos de uma organização na busca pelo equilíbrio entre os interesses de todas as partes, contribuindo positivamente para a sociedade e para o meio ambiente.

A partir da adaptação da definição citada acima, que é possível afirmar que Governança de dados, por sua vez, é um sistema formado por princípios, regras, estruturas e processos, pelo qual as organizações são dirigidas e monitoradas com vistas à conformidade com as leis e regulamentos de privacidade, orientando a atuação de seus agentes na busca pelo equilíbrio entre os interesses de todas as partes, contribuindo positivamente para a sociedade, o que inclui:

---

[3] Instituto Brasileiro De Governança Corporativa – IBGC. *Código de Melhores Práticas de Governança Corporativa.* 6. ed. São Paulo: IBGC, 2023, p. 20-21. Acesso em: 14 jul. 2024.

(i) a definição da Abrangência do Programa de Privacidade[4].

A definição de abrangência passa, obrigatoriamente, por duas etapas: a primeira delas consiste em conhecer e registrar todas as operações que envolvam o tratamento de dados pessoais[5] de uma organização. Se a meta é a proteção dos dados pessoais e só é possível proteger aquilo que se conhece, o mapeamento dessas operações é a oportunidade de aglutinar, em um só lugar, informações como:

(a) quais tipos de dados pessoais são tratados;
(b) quais categorias de titulares têm os seus dados tratados;
(c) onde esses dados são coletados e suas respectivas fontes;
(d) qual o volume dos dados tratados;
(e) para quais finalidades são utilizados;
(f) quem, dentro da organização, os trata;
(g) onde são armazenados;
(h) por quanto tempo permanecem sendo tratados;
(i) se esses dados são compartilhados com terceiros;
(j) se há eventualmente uma transferência internacional desses dados; e
(k) quais medidas de segurança são adotadas para protegê-los, por exemplo[6].

A legislação de proteção de dados de alguns países estabelece ainda a obrigatoriedade de os agentes de tratamento manterem o registro das operações que envolvam o tratamento de dados em documentação escrita[7], portanto, essa etapa é não apenas útil para a definição da

---

[4] Há doutrinador que defende que, antes mesmo de se estabelecer a abrangência do Programa de Privacidade, deve-se criar a Missão (propósito) e a Visão Institucional de Privacidade, que seja capaz de direcionar onde se pretende chegar com o programa de privacidade. *Vide*: DE JESUS, Ron. *Privacy Governance in Privacy Program Management*. Tools for Managing Privacy Whithin Your Organization. 2. ed. Portsmouth: IAPP, 2019, p.11.

[5] Art. 30 do Regulamento Geral de Proteção de Dados europeu e art. 37 da Lei Geral de Proteção de Dados Pessoais.

[6] ANPD divulga modelo de registro simplificado de operações com dados pessoais para Agentes de Tratamento de Pequeno Porte (ATPP) – Autoridade Nacional de Proteção de Dados (www.gov.br). Acesso em: 14 jul. 2024.

[7] Art. 37 da Lei Geral de Proteção de Dados Pessoais brasileira, art. 30 do GDPR e *considerando* 13, 39 e 82 do GDPR.

abrangência do programa de privacidade, mas necessária para o cumprimento da lei de proteção de dados em cenários como o brasileiro.

A partir do registro das operações de tratamento, é possível seguir para a segunda etapa, rumo à definição da abrangência do programa de privacidade, com o objetivo de identificar as obrigações às quais essas operações e, consequentemente, a organização estão submetidos[8]. Boa parte das organizações pode estar sujeita não só à legislação nacional e regulamentos setoriais, mas também à legislação internacional considerando a possibilidade de abrangência extraterritorial, característica muitas vezes presentes nas normas gerais de proteção de dados.

(ii) a definição da forma como serão operacionalizados os controles necessários para tratar e proteger os dados pessoais.

Essa etapa corresponde à adoção de processos, modelos, ferramentas, leis e padrões que orientam no gerenciamento de um programa de privacidade – o que também é referido como *framework*[9] – ou o desenvolvimento e a implementação de um *framework* próprio, criado pela organização com o intuito de garantir o cumprimento das disposições das leis e regulamentos aplicáveis à organização.

(iii) o desenvolvimento de uma abordagem para comunicar e obter apoio para o programa de privacidade, identificando os *stakeholders* e parcerias internas, aculturando por meio de treinamentos e outros mecanismos, mantendo um registro de todas essas atividades.

A formulação de uma estratégia de privacidade eficaz é vital para comunicar e garantir o suporte necessário ao programa de proteção de dados de uma organização. Essa estratégia deve envolver a sensibilização da alta administração sobre a importância da proteção de dados pessoais e os riscos financeiros associados à negligência na gestão desses dados. É igualmente importante garantir que todos os níveis da organização estejam envolvidos, desde a alta administração, que aprova os recursos necessários, até os funcionários que lidam com grandes volumes de dados e, normalmente, estão mais distantes da alta gestão.

---

[8] Disponível em: https://www.dlapiperdataprotection.com/. Acesso em: 14 jul. 2024.
[9] Disponível em: https://www.gov.br/governodigital/pt-br/privacidade-e-seguranca/ppsi/guia _framework_psi.pdf. Acesso em: 14 jul. 2024.

Alcançar o apoio da alta gestão em relação à privacidade pode ser um processo complexo e deve começar com diálogos entre os executivos da organização. É importante envolver setores-chave, como RH, jurídico, segurança da informação, marketing, gestão de riscos e TI nesses diálogos. A meta é encontrar um executivo que possa atuar como patrocinador do programa de privacidade, preferencialmente alguém com autoridade sobre decisões orçamentárias.

Com o suporte do patrocinador, é fundamental organizar *workshops* para os principais *stakeholders*, visando uniformizar o entendimento sobre privacidade e proteção de dados na organização. Além disso, a criação de um Comitê de Privacidade, composto pelos principais *stakeholders* internos, ajudará a definir responsabilidades e manter um registro detalhado das discussões e decisões, assegurando a conformidade com as obrigações legais de prestação de contas; e

(iv) a estruturação da equipe de privacidade, como o "último objetivo para formalizar a abordagem da organização à privacidade"[10]. De acordo com a consultoria Robert Half, a estrutura organizacional "é a forma escolhida pela empresa para alocar o seu capital humano. Por meio da divisão de setores, cargos e funções, o nível hierárquico é determinado. Assim como a relação entre liderança e liderados"[11].

Para que a organização defina a estruturação de uma equipe de privacidade adequada às suas características e constituição, será necessário definir alguns critérios, por exemplo, o modelo de governança mais adequado à organização, o que será visto no próximo tópico deste artigo.

A partir da definição, precisará estabelecer o posicionamento da equipe de privacidade, que pode ser alocada no departamento jurídico, na área de tecnologia da informação, na área de segurança da informação ou em *compliance*, por exemplo.

Segundo o relatório anual de governança de privacidade[12] emitido pela *IAPP* (*International Association of Privacy Professionals*), a principal

---

[10] *International Association Of Privacy Professional – IAPP*. Gestão do Programa de Privacidade. 2. ed. Portsmouth: IAPP.
[11] Robert Half, em 20 de abril de 2022. Modelos de estrutura organizacional: conheça os principais. Acesso em: 14 jul. 2024.
[12] IAPP_EY_Annual_Privacy_Governance_Report_2023.pdf. Acesso em: 15 jul. 2024.

escolha das empresas para alocação do time de privacidade no ano de 2023 permaneceu sendo o departamento jurídico.

2. MODELOS DE GOVERNANÇA

Os modelos de governança de privacidade podem ser categorizados em três versões distintas:

(i) centralizado – ideal para organizações que preferem uma abordagem unificada na tomada de decisões e planejamento. Neste modelo, uma única equipe ou indivíduo assume a responsabilidade pela privacidade. Todas as decisões relacionadas passam por esse ponto central.

(ii) descentralizado – adequado para organizações com estruturas mais horizontais e com menos níveis hierárquicos. Neste modelo, a autoridade decisória é amplamente delegada aos níveis inferiores da organização, permitindo um fluxo de decisão de baixo para cima. Isso garante uma maior autonomia e responsabilidade nas unidades locais, promovendo uma estrutura mais flexível e adaptável.

(iii) híbrido – esse modelo conjuga aspectos dos dois modelos anteriores. A responsabilidade principal pela privacidade recai sobre um indivíduo ou departamento central, que emite políticas e diretrizes para a organização. As entidades locais seguem essas diretrizes, mas também têm a liberdade de nomear gerentes de privacidade regionais que se reportam tanto à gerência local quanto ao *Chief Privacy Officer* (CPO). Isso permite uma abordagem equilibrada, onde a centralização das diretrizes é mantida, mas com adaptação local e autonomia.

Uma vez escolhido o modelo de governança mais adequado, é fundamental definir a estrutura organizacional, as responsabilidades e a estrutura de relatórios. Dependendo do porte da organização, a estrutura pode incluir cargos específicos como o *CPO*, Gerente de Privacidade, Analista de Privacidade, Líderes de privacidade nas áreas de negócios, membros da equipe de resposta a incidentes e o Encarregado pelo Tratamento de Dados Pessoais (DPO).

Importante lembrar que, na implementação de um Programa de Governança de Dados, a organização pode utilizar a estrutura existente e desenvolver processos específicos para alcançar os objetivos do programa. Assim, é possível alinhar as operações de privacidade com a estrutura organizacional vigente, otimizando recursos e melhorando a eficácia do programa.

3. POLÍTICAS E NORMAS INTERNAS

"Políticas criam um sistema intencional de princípios, para orientar decisões, ditando os caminhos a serem tomados e oferecendo instruções claras para a implementação através de procedimentos, protocolos ou documentos de orientação"[13].

Embora as políticas sejam indiscutivelmente importantes, uma empresa precisa ir além da simples criação e publicação de uma política para garantir a proteção adequada dos dados. A eficácia de políticas e normas não se limita à sua elaboração ou mera existência, mas se estende à forma como é comunicada. É essencial que as políticas sejam ativamente disseminadas e compreendidas. Por fim, para garantir que todos os envolvidos estejam não só cientes, mas também engajados com o seu cumprimento, as políticas devem ser tratadas como um documento vivo, adaptando-se conforme a organização evolui.

Nesse contexto, o primeiro passo nessa etapa é a criação da Política Empresarial de Privacidade, que serve como a diretriz principal para todas as outras políticas. Essa política estabelece os objetivos de privacidade e orienta a estratégia do departamento de privacidade. Ao contrário dos manuais detalhados, a Política de Privacidade é um documento de governança de alto nível, alinhado com a visão e a missão da organização.

É essencial diferenciar a Política de Privacidade do Aviso de Privacidade, ordinariamente chamado de Política de Privacidade especialmente em sítios eletrônicos. Enquanto a Política de Privacidade é destinada à orientação interna da organização, o Aviso de Privacidade é direcionado ao público externo (Aviso Externo de Privacidade) ou ao público interno (Aviso Interno de Privacidade) e explica como os dados pessoais serão coletados, armazenados, compartilhados e protegidos, dentre outras informações, em conformidade com as leis e regulamentações vigentes[14].

---

[13] YAKABOVICZ, Edward. *International Association of Privacy Professional – IAPP*. Gestão do Programa de Privacidade. 2. ed. Portsmouth: IAPP, p. 95.
[14] Art. 9º da Lei Geral de Proteção de Dados Pessoais.

A partir da Política de Privacidade é que surge uma cadeia de outras políticas que têm como objetivo mergulhar mais profundamente em cada tema abordado pela primeira.

Exemplificativamente, a figura abaixo sugere o compêndio de políticas e normas internas em uma organização com uma governança de dados complexa:

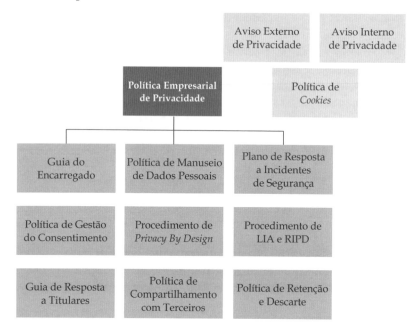

4. AVALIAÇÃO DE MATURIDADE DO PROGRAMA DE GOVERNANÇA

Estabelecidas as etapas da Governança de Dados, ela deve ser avaliada de tempos em tempos, como forma de garantir que as suas diretrizes estão atualizadas e em conformidade com os comandos legais e regulatórios aos quais a organização está submetida. Para tanto, as organizações podem lançar mão da Avaliação de Maturidade.

A Avaliação de Maturidade é uma ferramenta essencial para analisar a capacidade de uma organização em conhecer e mitigar os riscos associados ao seu programa de privacidade e proteção de dados. O objetivo principal dessa avaliação é garantir que a organização adote medidas técnicas e administrativas de forma preventiva, e, a partir do reconhecimento das vulnerabilidades de seu programa, possa elencar as providências necessárias para saná-las em um plano de ação a ser executado dentro de um cronograma estabelecido, priorizando a mitigação dos riscos mais relevantes até os riscos com menores impactos para o titular e, consequentemente, para a organização.

Para alcançar esse objetivo, são analisadas as diretrizes adotadas pela organização na estruturação de seu programa de privacidade e proteção de dados sob a ótica das legislações e normas aplicáveis, que nem sempre se limitarão apenas à legislação de proteção de dados do país em que estão estabelecidas. Não raro, as organizações também estão submetidas a legislações internacionais e outros regulamentos setoriais. A organização deve ser capaz de comprovar, por meio de evidência[15], que seu programa de privacidade e proteção de dados está implementado e é eficaz para o cumprimento dos comandos legais e regulatórios aos quais está submetida, bem como para efetivamente proteger os dados pessoais tratados por ela.

Importa salientar que a Avaliação de Maturidade deve ser adotada tanto por controladores como operadores, sendo considerada uma boa prática com base na interpretação do art. 50, *caput*, da LGPD, transcrito anteriormente, na medida em que engloba, entre as boas práticas, os mecanismos internos de supervisão e de mitigação de riscos relacionados ao tratamento de dados pessoais. A Avaliação de Maturidade deve ser realizada de forma periódica, funcionando como um referencial para o profissional entender a evolução do programa e detectar lacunas existentes, de forma a pontuar aonde devem ser envidados mais esforços e investimentos.

É interessante notar que a Avaliação de Maturidade tem suas raízes em práticas recomendadas para melhoria de processos organizacionais. Em 1987, por exemplo, foi criado o *Capability Maturity Model Integration (CMMI)*[16] pelo Instituto de Engenharia de *Software* (SEI), um centro de pesquisa da Universidade Carnegie-Mellon, financiado pelo Departamento de Defesa dos Estados Unidos. Os conceitos desse documento são a base de diversos *frameworks* utilizados atualmente.

---

[15] Art. 6º, X, da Lei Geral de Proteção de Dados Pessoais.
[16] Disponível em: https://learn.microsoft.com/en-us/azure/devops/boards/work-items/guidance/cmmi/guidance-background-to-cmmi?view=azure-devops. Acesso em: 14 jul. 2024.

Baseando-se no *CMMI* e em outros *frameworks*, uma organização pode desenvolver seu próprio modelo, levando em conta seu tipo de negócio, estrutura de governança e metas. O Guia do *Framework* de Privacidade e Segurança da Informação do Governo Federal pode servir como ponto de partida e inspiração para essa criação.

Ordinariamente os *frameworks* iniciam como a eleição e organização dos pilares que serão sopesados durante o processo de Avaliação de Maturidade. Pode-se eleger, por exemplo, pilares como:

(i) gestão e governança;
(ii) conformidade legal e respeito aos princípios;
(iii) transparência;
(iv) direitos do titular;
(v) rastreabilidade;
(vi) adequação de contratos;
(vii) compartilhamento de dados pessoais;
(viii) segurança da informação;
(ix) violações de dados e plano de resposta a incidente;
(x) treinamento e comunicação;
(xi) Registro de Operação de Tratamento de Dados Pessoais e bases legais;
(xii) Consentimento, dentre outros.

Com base nos pilares mencionados, a organização pode desenvolver pontos de controle que auxiliem na segmentação e direcionamento da avaliação. Esses pontos de controle podem ser derivados das leis e regulamentos aplicáveis, bem como de normas de boas práticas e governança. Por exemplo, no pilar "Registro de Operação de Tratamento de Dados Pessoais", pode-se verificar se a organização mantém um registro escrito de todas as atividades que envolvem o tratamento de dados pessoais, conforme exigência legal. Além disso, pode-se avaliar se esse registro é mantido de forma digital ou por meio de plataformas que permitam a manutenção e atualização contínua e facilitada, conforme as regras de boas práticas e de governança.

Uma vez definidos (i) os pilares a serem considerados na Avaliação de Maturidade e (ii) os pontos de controle resultantes, a organização pode coletar as respostas por meio de entrevistas ou formulários. As áreas internas serão questionadas sobre os pontos de controle mencionados, com perguntas claras e objetivas, levando em conta que os respondentes podem não estar familiarizados com termos técnicos.

Após coletar as respostas, os *frameworks* recomendam a atribuição de pesos para classificar o nível de maturidade identificado. O *CMMI*, por exemplo, utiliza uma escala de cinco níveis de maturidade, que varia de "Inicial" a "Otimizado". Essa escala é aplicável à gestão de processos em diversas áreas, incluindo a privacidade. Vejamos:

NÍVEL	DESCRIÇÃO
Nível 1 – Inicial	Processos não são previsíveis ou repetíveis.
Nível 2 – Gerenciado	Projetos são planejados e executados de acordo com políticas.
Nível 3 – Definido	Projetos são bem definidos e organizacionais.
Nível 4 – Quantitativamente Gerenciado	Processos são gerenciados usando medições.
Nível 5 – Otimizado	Foco na melhoria contínua e inovação.

O Guia de *Framework* de Privacidade e Segurança da Informação do Governo Federal, por sua vez, adota indicadores de maturidade que vão de "Inicial" a "Aprimorado". Vejamos:

FAIXA DE VALORES	NÍVEL
0,00 a 0,29	Inicial
0,30 a 0,49	Básico
0,50 a 0,69	Intermediário
0,70 a 0,89	Em aprimoramento
0,90 a 1,00	Aprimorado

Para calcular o nível de maturidade, adota-se uma abordagem quantitativa. Cada resposta é pontuada. De acordo com o *CMMI*, apenas exemplificativamente, cada dimensão é avaliada em uma escala de 1 a 5, onde 1 indica um nível inicial e 5 indica um nível otimizado. A média das pontuações de todas as dimensões avalia o nível de maturidade global da organização.

Independentemente de qual metodologia a organização irá adotar para calcular o seu nível de maturidade, a Avaliação de Maturidade demonstrará, além das fortalezas, os pontos de melhoria do programa de privacidade e proteção de dados, sendo fundamental para garantir a conformidade e a eficácia do programa avaliado. Seu resultado identificará áreas que necessitam de maior investimento e priorização de projetos, auxiliará no gerenciamento de riscos associados ao tratamento de dados pessoais e na tomada de decisões estratégicas baseadas em dados concretos. Além disso, ela fornece evidências do compromisso da organização com a conformidade regulatória, reforçando a confiança de clientes, parceiros e reguladores. Esse processo contínuo promove o aperfeiçoamento constante do programa de privacidade, garantindo que a organização esteja sempre alinhada com as melhores práticas e preparada para enfrentar novas ameaças e exigências regulatórias.

CONCLUSÃO

A governança de dados emerge como um pilar essencial na estrutura organizacional contemporânea, assegurando conformidade com regulamentações de proteção de dados e promovendo a confiança entre *stakeholders*. Este trabalho destacou a importância de estabelecer uma estrutura robusta de governança, implementar políticas eficazes e monitorar continuamente a maturidade do programa de privacidade. A integração de modelos de governança adequados e a definição clara de responsabilidades são cruciais para a eficácia do programa. Ademais, a avaliação de maturidade periódica permite a identificação de lacunas e a implementação de melhorias contínuas, garantindo que a organização esteja alinhada com a LGPD e outras normativas aplicáveis. Dessa forma, a organização não apenas protege os dados pessoais de seus titulares, mas também fortalece sua reputação e sustentabilidade no mercado.

REFERÊNCIAS

Capability Maturity Model Integration (CMMI). Modelos de Maturidade. Disponível em: https://cmmiinstitute.com. Acesso em: 19 jul. 2024.

EUROPEAN UNION. General Data Protection Regulation (GDPR). Regulation (EU) 2016/679 of the European Parliament and of the Council of 27 April 2016. Disponível em: https://eur-lex.europa.eu/eli/reg/2016/679/oj. Acesso em: 19 jul. 2024.

Instituto Brasileiro De Governança Corporativa (IBGC). Conceito de Governança Corporativa. Disponível em: https://www.ibgc.org.br. Acesso em: 19 jul. 2024.

International Association Of Privacy Professionals (IAPP). Relatório Anual de Governança de Privacidade. Disponível em: https://iapp.org. Acesso em: 19 jul. 2024.

ROBERT HALF. Estrutura Organizacional. Disponível em: https://www.roberthalf.com.br. Acesso em: 19 jul. 2024.

CAPÍTULO 7
Privacy by design na prática: operacionalizando a proteção de dados em projetos, produtos e iniciativas

Adriane Loureiro[1]
Aline Fuke Fachinetti[2]
Fábio Aspis[3]

INTRODUÇÃO

A abordagem de *Privacy by Design* (*PbD*), introduzida por Ann Cavoukian[4], representou uma mudança de paradigma, promovendo a integração

---

[1] Sócia da área de Governança de Dados do Baptista Luz Advogados. Graduada em Direito pela Universidade Presbiteriana Mackenzie. Especializada em Direito Digital pela Fundação Getúlio Vargas (FGV) e em Privacidade e Proteção de Dados pelo Insper, pelo Instituto de Tecnologia e Sociedade (ITS) e pelo Data Privacy Brasil. Cofundadora da Associação Juventude Privada.

[2] Gerente Sr. Regional de Proteção de Dados Pessoais na Edenred para a Região Américas. Coordenadora do Curso Privacy Ops na Future Law e Professora de cursos de Legal Ops e outros. LL.M em Innovation, Technology and the Law na University of Edinburgh, com pesquisa focada em Inteligência Artificial. Chevening Scholar. Especialista em Direito Empresarial pela FGV Direito SP. Bacharel em Direito pela PUC-SP. Cofundadora e Diretora da Associação Juventude Privada. 40 under 40 pelo Global Data Review e Fellow of Information Privacy pela IAPP. IAPP Women Leading Privacy Section Leader e ex-membro do conselho consultivo da IAPP Women Leading Privacy Board. Vice-presidente da Comissão de Direito Digital e *Compliance* da 17ª subseção da OAB/SP. Certificada como DPO BR (CDPO/BR), AI Governance Professional (AIGP), Privacy Manager (CIPM), Privacy Professional Europe (CIPP) e Google Project Management. Curso Executivo de Gestão e Inovação em Projetos na ISCTE Lisboa e de Privacy Law and Policy na University of Amsterdam.

[3] Head de Data Privacy, Digital e AI de uma multinacional farmacêutica. Advogado formado pela Pontifícia Universidade Católica de São Paulo – PUC/SP. Especializado em Direito Digital pela Fundação Getúlio Vargas (FGV). Certificado pela International Association of Privacy Professionals (IAPP) – Privacy Professional Europe (CIPP/E), Privacy Manager (CIPM), CDPO/BR e Fellow of Information Privacy (FIP). Certificado pela Universidade de Maastricht – Data Protection Officer (ECPC/B) e Global Privacy Officer (ECPC-G). Certificado em Privacy by design pela Ryerson University. Representante brasileiro no Digital Law Summer School 2019 pela Universidade de Genebra e no Summer School da KU Leuven em "Law, Ethics and Policy of Artificial Intelligence". Cofundador da Associação Juventude Privada.

[4] CAVOUKIAN, A. *Privacy by Design*: The 7 Foundational Principles. Information and Privacy Commissioner of Ontario, Canada, 2011.

da privacidade desde o início de qualquer projeto, iniciativa, produto ou sistema. *PbD* não é apenas uma prática recomendada; é uma necessidade estratégica para qualquer organização que busca não só a conformidade regulatória, mas também a construção de confiança, a mitigação de riscos e a sustentabilidade do seu negócio.

O conceito de *PbD* vai além da simples implementação de medidas de proteção de dados. Ele exige uma mentalidade proativa e preventiva, em que a privacidade é integrada no próprio DNA da organização. Desde a concepção de novos produtos até a gestão de processos internos, cada etapa deve ser permeada por uma preocupação com a proteção dos dados pessoais. Não é à toa que esta é a principal preocupação – dentre todas as possíveis e imagináveis dentre um programa de proteção de dados – reportada por profissionais de privacidade no relatório *Privacy Governance* da IAPP, a Associação Internacional de Profissionais de Privacidade, publicado em 2024[5]. Este artigo tem como objetivo explorar a aplicação prática deste conceito, oferecendo diretrizes e exemplos concretos que ilustram como transformar o *PbD* de princípios em ações e processos eficazes[6].

1. PRINCÍPIOS FUNDAMENTAIS

Para implementar efetivamente o *PbD*, é crucial conhecer seus sete princípios fundamentais. Esses princípios, delineados por Ann Cavoukian, formam a base sobre a qual se constroem práticas robustas de proteção de dados:

1) **Proativo, não reativo; preventivo, não corretivo:** Este princípio enfatiza a necessidade de antecipar e prevenir invasões de privacidade antes que elas ocorram. A prevenção é sempre preferível à correção, exigindo uma postura proativa na proteção dos dados. Por exemplo, mediante implementação de sistemas de detecção de anomalias para identificar comportamentos suspeitos antes que resultem em uma violação de dados.

---

[5] *International Association Of Privacy Professionals* (IAPP). Privacy governance: full report. Disponível em: https://iapp.org/resources/article/privacy-governance-full-report/. Acesso em: 8 jul. 2024.

[6] FACHINETTI, Aline Fuke. Como promover um programa eficaz de proteção de dados pessoais. *JOTA*, 28 nov. 2023. Disponível em: https://www.jota.info/opiniao-e-analise/artigos/como-promover-um-programa-eficaz-de-protecao-de-dados-pessoais-28112023. Acesso em: 16 jun. 2024.

2) **Privacidade como configuração padrão:** Garantir que os dados pessoais estejam protegidos por padrão significa que nenhuma ação adicional do usuário é necessária para garantir a sua privacidade. As configurações mais privativas devem ser a configuração padrão, como ocorre com aplicativos que por padrão não compartilham dados de localização com terceiros a menos que o usuário opte por ativar essa funcionalidade.

3) **Privacidade incorporada ao *design*:** A privacidade deve ser um componente integral do *design* e da arquitetura dos sistemas e processos de negócios. Ela deve ser considerada desde o início, e não adicionada posteriormente como um recurso extra.

4) **Funcionalidade total – soma positiva, não soma zero:** o *PbD* promove soluções de "ganha-ganha", em que a privacidade e outros objetivos, como segurança e usabilidade, coexistem sem comprometer um ao outro. Isso ocorre, por exemplo, quando o desenvolvimento de um sistema utiliza técnicas de preservação de privacidade para personalizar a experiência do usuário sem comprometer a proteção de dados.

5) **Segurança de ponta a ponta – proteção total do ciclo de vida:** Este princípio assegura que os dados pessoais sejam protegidos em todas as fases do ciclo de vida, desde a coleta até o descarte. Medidas de segurança robustas devem ser implementadas para proteger os dados continuamente.

6) **Visibilidade e transparência:** As operações e práticas de proteção de dados devem ser transparentes e verificáveis, permitindo que sejam realizadas auditorias independentes, se necessário. Afinal, a visibilidade é fundamental para construir confiança entre os *stakeholders*.

7) **Respeito pela privacidade do usuário – centrado no usuário:** Este princípio coloca os interesses das pessoas em primeiro lugar. Por exemplo, a criação de uma central de controle de privacidade, para que os usuários gerenciem suas próprias preferências de privacidade com facilidade.

Esses princípios podem servir como um ponto de partida essencial para as áreas de proteção de dados, fornecendo uma "lente" preliminar por meio da qual todas as práticas e políticas podem ser avaliadas e aperfeiçoadas. Ao incorporá-los, as organizações podem centralizar a privacidade em suas operações, adotando uma abordagem proativa e preventiva na gestão de dados pessoais. Dessa forma, esses princípios não apenas orientam, mas também podem fortalecer a confiança, a conformidade e a eficiência na proteção de dados.

Outra referência para a implementação do *PbD* é o relatório de *Privacy and Data Protection by Design – From Policy to Engineering*, publicado pela *European Union Agency for Network and Information Security* (ENISA)[7]. Partindo dos princípios de privacidade, referido relatório apresenta elementos importantes como um primeiro passo em direção a um processo de *design* para sistemas e serviços que respeitem a privacidade. Ele esboça um método para mapear as obrigações legais, permitindo que *designers* de sistemas ou serviços selecionem técnicas apropriadas para implementar os requisitos de privacidade.

Para casos em que há coleta extensiva e tratamento de dados pessoais no contexto de análise *big data*, em que há preocupações relevantes relacionadas à vigilância eletrônica em larga escala, criação de perfil e divulgação de dados privados, a ENISA foi além e criou um relatório específico denominado *Privacy by Design in Big Data – An overview of privacy enhancing technologies in the era of big data analytics*[8], que visa apoiar nos desafios também dessas tecnologias.

2. IMPLEMENTAÇÃO PRÁTICA DO FLUXO DE *PbD*

Implementar o *PbD* de forma realmente eficaz requer a criação de um fluxo bem estruturado que incorpore consultas iniciais, análises detalhadas e devolutivas que assegurem a integração contínua de medidas de privacidade em todos os projetos e processos (que, como sabemos, também são dinâmicos e podem mudar ao longo deste fluxo de análise). Importante destacar que esse fluxo não só pode como deve ser adaptado para diferentes tipos de organizações, estruturas e projetos. Vamos discorrer sobre os principais possíveis passos para sua implementação.

---

[7] European Union Agency For Network And Information Security (ENISA). *Privacy and Data Protection by Design – from policy to engineering*. Dez. 2014. Disponível em: https://www.enisa.europa.eu/publications/privacy-and-data-protection-by-design. Acesso em: 17 jul. 2024.

[8] European Union Agency For Network And Information Security (ENISA). *Privacy by Design in Big Data – An overview of privacy enhancing technologies in the era of big data analytics*. Dez. 2015. Disponível em: https://www.enisa.europa.eu/publications/big-data-protection. Acesso em: 17 jul. 2024.

2.1. Intake (recepção de demandas) e consultas iniciais

O primeiro passo na implementação do fluxo de PbD ocorre na concepção do projeto, momento em o time de privacidade deve ser envolvido. Este processo é essencial para entender o escopo, os objetivos e os requisitos específicos de privacidade do projeto.

Esse momento pode envolver reuniões com as partes interessadas para discutir o projeto e seus objetivos. Essas reuniões devem incluir representantes de todas as áreas envolvidas, como TI, jurídico, *compliance* e desenvolvimento; ou podem ocorrer por meio de formulários específicos para coletar informações detalhadas sobre os dados que serão coletados, processados e armazenados. Esse questionário usualmente aborda questões como a natureza dos dados, finalidades do processamento e medidas de segurança existentes.

Algumas *big techs* ou outras organizações de maior porte adotam um fluxo conhecido como *Privacy Review*, que consiste em uma avaliação sistemática e abrangente dos impactos na privacidade para novos produtos, serviços e funcionalidades. O objetivo do *Privacy Review* é garantir que todas as práticas de tratamento de dados estejam alinhadas com as regulamentações de proteção de dados e com os princípios de *Privacy by Design*. O fluxo geralmente inclui a participação de equipes multidisciplinares, como jurídico, *compliance*, segurança da informação e desenvolvimento, para identificar e mitigar riscos à privacidade desde a fase inicial do projeto até a sua implementação.

2.2. Avaliação

No mundo corporativo cada vez mais ágil e não linear em que vivemos, é essencial realizar uma avaliação preliminar dos projetos para identificar riscos potenciais à privacidade e obter aconselhamentos sobre como prosseguir.

Após esse *feedback* inicial, inicia-se uma análise mais detalhada dos riscos à privacidade e proteção de dados pessoais associados ao projeto, avaliando ameaças potenciais, vulnerabilidades e o impacto de possíveis violações de dados pessoais. Para abordar os riscos identificados, desenvolve-se um plano de mitigação abrangente, que inclui medidas técnicas e organizacionais para reduzir os riscos de maneira efetiva, sustentável e preventiva.

A etapa seguinte é a devolutiva ao time responsável pelo projeto. Essa devolutiva envolve a comunicação dos resultados da análise e avaliação de impacto para as partes interessadas, juntamente com recomendações claras para a implementação das medidas de mitigação. Em projetos mais complexos, é altamente recomendável realizar uma reunião de *feedback* detalhada. Durante essa reunião, os resultados do relatório de PIA e as recomendações de mitigação são discutidos em profundidade, abordando a viabilidade e a implementação das medidas recomendadas.

Para garantir que a área de *Privacy* não seja vista como um obstáculo, mas como um facilitador de entregas de serviços, é essencial adotar uma abordagem integrada e colaborativa. O time de *Privacy* deve trabalhar em conjunto com as demais áreas de risco que devem ser consideradas a depender do contexto (p. ex.: jurídico, regulatório, segurança da informação e outras áreas envolvidas no projeto). Essa colaboração garante que as soluções sejam entregues de forma coesa e não fragmentada, promovendo uma abordagem holística na proteção de dados e privacidade – em conjunto com *compliance* e demais áreas de controle.

Ao adotar essa postura, conseguimos minimizar as "dores" do negócio, tornando o processo mais fluido e compreensível. A equipe de privacidade deve ajudar o negócio a entender as camadas de defesa que protegem o projeto, explicando como cada medida contribui para a segurança e conformidade legal. Essa visão ampla permite que todos os *stakeholders* compreendam a importância das medidas de privacidade e as implementem de forma responsável e legal, sem comprometer a eficiência ou os objetivos do projeto.

Além disso, a integração de *Privacy* com outras áreas promove uma visão compartilhada dos objetivos do projeto, alinhando as necessidades de negócios com os requisitos de privacidade. Isso resulta em soluções práticas que atendem às exigências legais e regulatórias, ao mesmo tempo em que suportam os objetivos comerciais. Essa abordagem integrada não apenas protege os dados pessoais, mas também fortalece a confiança dos clientes e parceiros, promovendo uma cultura organizacional que valoriza e respeita a privacidade.

Outro ponto essencial que não podemos deixar de mencionar: a importância de monitorar continuamente o projeto e revisar as medidas de privacidade regularmente. É comum iniciar a avaliação de um projeto e, na semana seguinte, encontrar fluxos e finalidades completamente diferentes. Por isso, é vital encontrar maneiras de se manter atualizado e envolvido no projeto. Participar de *squads*, *dailys* e utilizar *privacy champions* para manter o time de privacidade informado sobre mudanças são algumas estratégias eficazes. Além disso, exigir comunicação contínua sobre atualizações no projeto garante que as práticas de privacidade sejam sempre consideradas.

Adotar uma abordagem ágil para o *PbD*, integrando práticas de privacidade em *sprints* de desenvolvimento e revisando continuamente as medidas de proteção de dados, pode ser a solução ideal para acompanhar a dinâmica do negócio. Essa metodologia permite ajustes rápidos e garante que as políticas de privacidade evoluam em maior sintonia com o projeto, mantendo a conformidade e protegendo os dados pessoais de maneira eficaz.

2.3. Medidas recomendadas e possíveis aspectos de implementação

Para garantir a eficácia da implementação de *Privacy by Design*, é essencial adotar uma série de medidas técnicas e organizacionais que protejam os dados pessoais ao longo de todo o ciclo de vida do projeto. Essas medidas podem variar conforme a natureza e a complexidade do projeto, mas algumas práticas comuns podem incluir:

- **Minimização de dados:** Coletar apenas os dados essenciais necessários para a finalidade específica, reduzindo a quantidade de informações pessoais processadas.

- **Segurança técnica:** Aplicar técnicas que tornem os dados irreconhecíveis ou substituam identificadores diretos, protegendo a identidade dos indivíduos (anonimização e pseudonimização), bem como medidas de criptografia em trânsito e em repouso, MFA, dentre outros. Ou recomendar a avaliação por times de Segurança e *Cyber*.

- **Gestão, monitoramento e *logs*:** Estabelecer políticas rigorosas de controle de acesso para garantir que apenas pessoal autorizado possa acessar dados específicos, bem como implementar monitoramento e manutenção de *logs*.

- **Transparência:** Criação de avisos ou termos de privacidade específicos ou atualização de políticas e/ou avisos existentes.

- **Transferências:** Avaliar se a transferência é necessária e se o país de destino é o ideal.

- **Políticas e procedimentos:** Desenvolver e implementar políticas claras de privacidade e procedimentos operacionais para guiar a coleta, processamento e armazenamento de dados.

- **Mapeamento e registro da atividade:** Caso se torne uma atividade de dados pessoais, realizar o registro da atividade, em atendimento às legislações de privacidade e proteção de dados aplicáveis.
- **Gestão de terceiros:** Caso o projeto envolva terceiros, estabelecer processos de *due diligence* e monitoramento para garantir que terceiros que tratam dados pessoais em nome da organização cumpram as mesmas normas de privacidade; bem como firmar contratos que formalizem as responsabilidades e obrigações de cada parte no tratamento dos dados ao longo do projeto e mesmo após seu fim (p. ex.: expurgo de dados após conclusão de eventual projeto).
- **Avaliação de potenciais adaptações às legislações setoriais:** Em determinados contextos se faz necessária uma avaliação de regulamentações setoriais (p. ex.: setores financeiro, saúde, telecomunicações etc.) que se somam às usuais obrigações legais previstas em leis de proteção de dados. Por isso, ao conceber determinados produtos, serviços e atividades deve-se considerar também aspectos regulatórios setoriais que possam ser aplicáveis.

Existem inúmeras outras soluções ou recomendações mitigatórias que podem ser aplicadas, dependendo do escopo, do tipo de dados e da natureza do projeto. Embora seja impossível abranger todas as possibilidades aqui, é crucial considerar tanto os aspectos técnicos quanto os organizacionais. Além disso, é fundamental que o time de privacidade assegure a documentação completa de todas as atividades e decisões tomadas, pois a *accountability* e a capacidade de demonstrar conformidade são essenciais para a proteção de dados ocorrer na prática e com efetividade.

2.4. Assunção de riscos pelo negócio

Dentro dos fluxos de projetos, o negócio pode optar por assumir determinados riscos. Assim, apesar de o DPO ou de o time de privacidade ter a capacidade e até o dever de recomendar ajustes ou a rejeição de projetos que apresentem riscos inaceitáveis, escalando essas preocupações para os níveis superiores de gestão ou comitês de governança quando necessário, a decisão final cabe ao Controlador, que define como conduzirá seu negócio (e o seu tratamento de dados).

Uma ferramenta útil nesses casos é a Carta de Risco. Esse documento, normalmente elaborado pelo DPO ou em conjunto com áreas dedicadas a riscos, detalha os riscos identificados, a avaliação desses riscos e as medidas de mitigação propostas. A Carta de Risco serve como formalizador dos riscos, ajudando a equilibrar a necessidade de proteção de dados com os objetivos do negócio. Ela fornece uma análise clara e estruturada dos riscos, permitindo ao Controlador tomar decisões informadas sobre a aceitação ou mitigação desses riscos – e documentar as responsabilidades eventualmente assumidas.

Para esse processo funcionar, é crucial ter uma estrutura clara de tomada de decisão e escalação. Envolver a alta gestão nas decisões sobre a aceitação de riscos mais críticos garante que essas decisões estejam alinhadas com a estratégia da organização, que a liderança esteja ciente de que tal decisão pode ser passível de penalidades e outros impactos, bem como que seja garantido o necessário apoio e exemplo da alta liderança no desenvolvimento das atividades. Documentar e comunicar essas decisões de forma transparente é essencial para promover a responsabilidade e a confiança dentro da organização.

2.5. Monitoramento contínuo

A implementação do fluxo de *Privacy by Design* não termina com a implementação das medidas de mitigação. Mesmo após o "nascimento" do projeto, é importante realizar auditorias de privacidade regulares para garantir que as medidas de proteção de dados estejam funcionando conforme o esperado e para identificar possíveis melhorias. Além disso, esse monitoramento pode servir para revisar e atualizar as medidas de proteção de dados com base em seus resultados e no *feedback* das partes interessadas.

Os principais *templates* de Relatórios de Impacto na Proteção de Dados das autoridades de proteção de dados, como o *Information Commissioner's Office* (ICO) do Reino Unido e a Comissão Nacional de Informática e Liberdades (CNIL) da França, incluem campos específicos para atualização contínua. Esses *templates* geralmente possuem seções destinadas à documentação de revisões periódicas, avaliações de novos riscos e mudanças no ambiente de tratamento de dados.

3. UTILIZANDO MÉTRICAS *PbD* EM PROL DO PROGRAMA DE GOVERNANÇA DE PROTEÇÃO DE DADOS

O relatório de métricas de privacidade publicado pela *Future of Privacy Forum* apresenta diversas métricas e indicadores de proteção de dados que podem ser adotados em um programa de governança de proteção de dados[9]. Essas métricas são essenciais para monitorar, avaliar e aprimorar continuamente as práticas de privacidade dentro de uma organização.

Por exemplo, o relatório sugere as seguintes métricas/indicadores: número de atividades de tratamento de alto risco identificadas que exigem um DPIA, número de PIAs/DPIAs concluídos, SLA para avaliação de projetos, número de consultas feitas por áreas críticas (ex.: RH, Marketing e Produtos) e número de novos modelos de negócios/soluções tecnológicas aconselhadas (p. ex.: *cloud as a service*).

Ter controle e gestão sobre essas métricas pode apoiar e impulsionar o programa de proteção de dados, além de permitir a tomada de decisões. Por exemplo, as métricas podem ajudar a justificar o aumento de *headcount*, identificar tendências em áreas que não apresentam projetos e dar visibilidade ao negócio sobre o funcionamento do funil de projetos. Além disso, essas métricas possibilitam decisões estratégicas mais precisas, como alocação de recursos e priorização de iniciativas.

CONSIDERAÇÕES FINAIS

A adoção de práticas robustas de *Privacy by Design* vai além da mera conformidade; trata-se de um investimento estratégico que fortalece a confiança dos usuários e diferencia as empresas em um mercado cada vez mais competitivo. Como podemos, então, criar fluxos de privacidade que estejam integrados ao negócio, oferecendo proteção sem causar entraves aos *stakeholders* e gestores de projetos? Ao fazer isso, transformamos a proteção de dados em um pilar central do nosso sucesso empresarial, gerando confiança e fidelidade em nossos titulares de dados. Estamos preparados para adotar essas mudanças e alcançar um novo patamar de excelência? Esperamos que os questionamentos e *insights* apresentados neste artigo inspirem você a avançar com confiança nessa jornada. Afinal, a proteção de dados implementada desde a concepção de produtos, serviços e projetos em geral é a chave para uma relação mais sólida com o titular dos dados e para a efetividade de todo programa de governança.

---

[9] Future of Privacy Forum. *Privacy Metrics Report*. Disponível em: https://fpf.org/wp-content/uploads/2022/03/FPF-PrivacyMetricsReport-R9-Digital.pdf. Acesso em: 6 jul. 2024.

REFERÊNCIAS

CAVOUKIAN, A. *Privacy by Design*: The 7 Foundational Principles. Information and Privacy Commissioner of Ontario, Canada, 2011.

European Union Agency For Network And Information Security (ENISA). *Privacy and Data Protection by Design – from policy to engineering.* Dez. 2014. Disponível em: https://www.enisa.europa.eu/publications/privacy-and-data-protection-by-design. Acesso em: 17 jul. 2024.

European Union Agency For Network And Information Security (ENISA). *Privacy by Design in Big Data – An overview of privacy enhancing technologies in the era of big data analytics.* Dez. 2015. Disponível em: https://www.enisa.europa.eu/publications/big-data-protection. Acesso em: 17 jul. 2024.

International Association Of Privacy Professionals (IAPP). *Privacy governance: full report.* Disponível em: https://iapp.org/resources/article/privacy-governance-full-report/. Acesso em: 8 jul. 2024.

FACHINETTI, Aline Fuke. Como promover um programa eficaz de proteção de dados pessoais. *JOTA*, 28 nov. 2023. Disponível em: https://www.jota.info/opiniao-e-analise/artigos/como-promover-um-programa-eficaz-de-protecao-de-dados-pessoais-28112023. Acesso em: 16 jun. 2024.

Future Of Privacy Forum. *Privacy Metrics Report.* Disponível em: https://fpf.org/wp-content/uploads/2022/03/FPF-PrivacyMetricsReport-R9-Digital.pdf. Acesso em: 6 jul. 2024.

CAPÍTULO 8
Direitos dos titulares 5.0: operacionalizando a gestão de direitos de forma eficaz

Aline Fuke Fachinetti[1]
Rafael Marques[2]
Samanta Oliveira[3]

INTRODUÇÃO

A operacionalização eficiente dos direitos[4] dos titulares é um pilar central na estratégia de proteção de dados de qualquer organização. Afinal, a LGPD tem como fundamento a proteção dos direitos fundamentais dos titulares, facilitando que estes tenham o exercício de seus direitos devidamente garantidos.

---

[1] LL.M em Innovation, Technology and the Law na University of Edinburgh, como Chevening Scholar. Especialista em Direito Empresarial pela FGV Direito SP e bacharel em Direito pela PUC-SP. Advogada. Cofundadora e Diretora da Associação Juventude Privada. 40 under 40 pelo Global Data Review e Fellow of Information Privacy pela IAPP. IAPP Women Leading Privacy Section Leader e ex-membro do conselho consultivo da IAPP Women Leading Privacy Board. Certificada como AI Governance Professional (AIGP), DPO Brasil (CDPO/BR), Privacy Manager (CIPM), Privacy Professional Europe (CIPP) e Google Project Management. Curso Executivo de Gestão e Inovação em Projetos na ISCTE Lisboa e de Privacy and AI Law and Policy na Universidade de Amsterdam. Gerente Sênior de Proteção de Dados na Edenred para a região Américas (LATAM e EUA). E-mail de contato: alineff@adv.oabsp.org.br.

[2] Advogado especializado em Direito Empresarial, Direito Digital, Privacidade e Proteção de Dados Pessoais, com certificações CIPM e CDPO/BR. Professor convidado em cursos de pós-graduação em Direito Digital, Proteção de Dados e Inteligência Artificial. Coordenador do curso Privacy Operations na Future Law. Atualmente, cursando MBA em Data Science e Analytics na USP/Esalq. Membro da Comissão de Direito Digital da OAB SP, membro da Forbes BLK, Pesquisador no GITEC/FGV-SP e host do Flycast.

[3] Advogada. Mestranda em tecnologia na Fundação Getúlio Vargas (FGV-SP). Pós-graduada pela Pontifícia Universidade Católica de São Paulo (PUC-SP), bacharel em direito pela Universidade Presbiteriana Mackenzie. Certificada como Data Protection Officer (DPO) pelo European Center on Privacy and Cybersecurity (ECPC-B: Maastricht University), e em Cybersecurity, Technology, Application and Policy pelo Massachusetts Institute of Technology (MIT).

[4] Alocado no Capítulo III, os direitos dos titulares estão previstos nos arts. 17 a 22 da LGPD.

No entanto, a execução eficaz deste tema não é simples. Não depende apenas de um aviso de privacidade que apresente, com transparência e objetividade, quais são os direitos que os titulares podem exercer. Além disso, é necessário a existência de um canal de comunicação para exercício desses direitos, acompanhado de um procedimento que permita sua operacionalização e possibilite, inclusive, a rastreabilidade dos atendimentos realizados para demonstração de *accountability*[5] pelas organizações. Isso é o básico.

Para ir além e operacionalizar um *Privacy Ops* de excelência, eficiência e eficácia, o tema deve ver implementado a partir de um viés estratégico, capaz de promover e/ou reforçar a confiança de titulares em geral e outros *stakeholders*, como clientes e parceiros, demonstrando o compromisso do controlador com a privacidade e a proteção de dados. Assim, visando a execução 5.0 de Direitos de Titulares, abordaremos as melhores práticas e traremos *insights* para efetivar este tema.

1. O "BÁSICO" BEM-FEITO: EFICÁCIA

Ao pesquisar o termo "direito" na LGPD, a pesquisa retorna 79 resultados, para uma lei que possui 65 artigos. E não poderia ser diferente, dada a relevância da questão. A própria ANPD incorporou o tema em sua Agenda Regulatória[6] para o Biênio 2021-2022, que seguiu como prioridade da autarquia na Agenda Regulatória[7] para o Biênio 2023-2024, apesar de a tomada de subsídios relacionada ao tema ter ocorrido somente no início de 2024, e ainda aguardamos a regulamentação pela ANPD em cumprimento à sua Agenda Regulatória.

Os direitos dos titulares estão no "coração" da LGPD, tendo um capítulo completo dedicado ao tema (capítulo III, da LGPD, "Dos

---

[5] Refere-se a um termo de origem inglesa comumente utilizado para descrever as práticas relacionadas à prestação de contas, tendo como conotação, em um contexto mais amplo, adoção de práticas voltadas à responsabilidade corporativa e transparência. Na LGPD está relacionado com a instrumentalização do art. 6º, X: "responsabilização e prestação de contas: demonstração, pelo agente, da adoção de medidas eficazes e capazes de comprovar a observância e o cumprimento das normas de proteção de dados pessoais e, inclusive, da eficácia dessas medidas".

[6] Conforme Portaria n. 11, de 27 de janeiro de 2021. Disponível em: https://www.in.gov.br/en/web/dou/-/portaria-n-11-de-27-de-janeiro-de-2021-301143313. Acesso em: 5 ago. 2024.

[7] De acordo com a Resolução CD/ANPD n. 11, de 27 de dezembro de 2023. Disponível em: https://www.gov.br/anpd/pt-br/documentos-e-publicacoes/documentos-de-publicacoes/resolucao_cd_anpd_11_2023-27122023.pdf. Acesso em: 5 ago. 2024.

Direitos do Titular"). Mas esse artigo da obra não pretende explicar quais são os direitos que os titulares possuem – isso pode ser facilmente consultado na lei (e referenciamos em nota de rodapé para facilitar a sua leitura[8]). Aqui, o foco será em discorrer sobre como atender a LGPD, com eficácia, neste quesito.

Vejamos, o basilar mínimo que usualmente se tem para atendimento (*compliance*) das obrigações legais relacionadas ao tema:

- **Transparência aos titulares:** aviso de privacidade (ou, como usualmente adotado em muitos *websites*, política[9] de privacidade), que dê acesso facilitado sobre as informações relacionadas aos direitos enquanto titulares (art. 9º, VII, da LGPD).

- **Canal para exercício de direitos:** deve haver um meio claro, simples e gratuito para os titulares exercerem seus direitos, como um endereço de e-mail ou um formulário online. A autoridade recomenda que haja uma forma de contato clara para facilitar esse processo.

- **Procedimento interno para operacionalização:** a organização usualmente implementa procedimentos internos para responder às solicitações dos titulares de dados, garantindo que os pedidos sejam atendidos dentro dos prazos legais. Esse procedimento interno é composto por diversas etapas que iniciam com a requisição formulada pelo titular, por meio do canal para o exercício de direitos, seguido da validação da identidade do solicitante, fluxos de comunicação interna para levantamento dos subsí-

---

[8] Os direitos dos titulares estão previstos nos arts. 17 e 18 da LGPD e incluem: a confirmação da existência de tratamento; acesso aos dados; correção de dados incompletos, inexatos ou desatualizados; anonimização, bloqueio ou eliminação de dados desnecessários, excessivos ou tratados em desconformidade com o disposto na LGPD; portabilidade dos dados a outro fornecedor de serviço ou produto, mediante requisição expressa, de acordo com a regulamentação da Autoridade Nacional, observados os segredos comercial e industrial; eliminação dos dados pessoais tratados com o consentimento do(a) titular, exceto nas hipóteses previstas no art. 16 da Lei; informação das entidades públicas e privadas com as quais o Controlador realizou uso compartilhado de dados; informação sobre a possibilidade de não fornecer consentimento e sobre consequências da negativa; e a revogação do consentimento, nos termos do § 5º do art. 8º da Lei.

[9] O termo "política", embora comumente utilizado para designar o documento que contém as diretrizes relacionadas ao tratamento de dados disponíveis aos titulares, apresenta uma imprecisão técnica. Isso se deve ao fato de que as políticas geralmente são documentos de natureza interna da organização, destinados a orientar procedimentos e práticas internas.

dios necessários para a documentação, até seu encerramento com o envio da resposta.

- **Treinamento para áreas com interface com possíveis titulares:** é essencial que os colaboradores que tenham contato com titulares de dados estejam bem-informados e treinados sobre a LGPD e os direitos dos titulares, para que possam prestar as informações corretas e seguir fluxos para direcionar os pedidos e direitos exercidos.

Com base nesses itens, podemos avaliar objetivamente os desafios que as organizações enfrentam ao atender os direitos dos titulares, bem como identificar as estratégias a serem adotadas para implementar e desenvolver métricas relevantes para o respectivo programa de privacidade. Observar os direitos disponibilizados e o tempo para atendimento dessas demandas revelará elementos essenciais quanto ao planejamento e à governança do programa de privacidade.

A capacidade de entender as necessidades dos titulares permite, inclusive, identificar outras necessidades de negócio que anteriormente eram analisadas apenas dentro do canal de ouvidoria. Essa construção envolverá a análise dos seguintes aspectos:

- **Sazonalidade:** período em que o produto ou serviço gera demandas dos titulares de dados pessoais.

- **Tipos de titulares envolvidos:** pessoas físicas como clientes, funcionários, fornecedores e pacientes, cujos dados são processados pela organização.

- **Relacionamento do titular com a organização:** varia conforme o contexto, podendo ser cliente, empregado, fornecedor, parceiro ou paciente, influenciando obrigações e direitos.

- **Tempo médio de atendimento:** tempo necessário para a organização responder às solicitações dos titulares de dados, como acesso, correção ou exclusão de informações.

Com esses pontos, torna-se plenamente possível adequar os respectivos atendimentos dos titulares dentro do período determinado, garantindo a devida governança em relação às evidências geradas por cada atendimento, observando os requisitos apresentados no art. 18 da LGPD. Adicionalmente, é fundamental que a empresa mantenha uma documentação adequada de todos os atendimentos realizados, assegurando transparência e responsabilidade, e possibilitando a comprovação de que as solicitações foram tratadas de acordo com as exigências da LGPD. Além disso, é importante que as organizações estabeleçam procedimentos internos para verificar a identidade dos titulares, registrar as solicitações, acompanhar o andamento do processo e comunicar adequadamente os resultados aos solicitantes. Assim, o cumprimento dos direitos dos titulares será efetivo e a governança de dados será fortalecida.

2. SUBINDO A BARRA: ESTRATÉGIA E EFICIÊNCIA

Para além do "básico" bem-feito (que também não é tão simples assim como pode parecer), organizações que queiram endereçar este tema com maior eficiência e estratégia podem adotar estratégias de *Ops* para alavancar de forma efetiva tais direitos. Aqui estão algumas sugestões para "subir a barra":

- **Integração de tecnologia:** existem diversas ferramentas tecnológicas avançadas (ou desenvolvimentos internos) que prometem automatizar o processo de atendimento aos direitos dos titulares. Isso inclui o uso de sistemas de gestão de consentimento, soluções de CRM para gerenciamento de solicitações dos titulares e plataformas de análise de dados para monitorar e melhorar continuamente o processo. A adoção e integração de tecnologias são instrumentos valiosos para aprimorar e agilizar o atendimento dos direitos dos titulares, garantindo uma experiência mais eficiente em organizações com fluxo maior de exercícios de titulares e organizações B2C[10]. A título ilustrativo, destaca-se o Relatório de Transparência[11], divulgado semestralmente pelo Mercado Livre, que recebe milhares de requisições, sendo que o exercício de direitos de forma autônoma e automatizada pelos próprios titulares usuários da plataforma foi responsável por 82% dos atendimentos realizados pela empresa no primeiro semestre de 2023.

---

[10] B2C é uma sigla que significa *Business to Consumer*, em português, "Empresa para Consumidor". Nesse modelo de negócio, a empresa vende diretamente seus produtos ou serviços para consumidores finais. Portanto, o número de titulares está diretamente relacionado à capilaridade dos serviços disponibilizados aos consumidores na jurisdição em que a organização atua.

[11] MERCADO LIVRE. Relatório de Transparência do Primeiro Semestre de 2023. Disponível em: https://www.mercadolivre.com.br/institucional/nos-comunicamos-noticia/relatorio-transparencia-do-primeiro-semestre-2023. Acesso em: 5 ago. 2024.

- **Sistema de *feedback*, satisfação ou até NPS:** implementar um sistema de *feedback* que permita aos titulares avaliarem o atendimento aos seus direitos pode ser interessante (seja por meio de pesquisa de satisfação ou metodologia de NPS). Nesse sentido, seria possível utilizar esses dados para aprimorar constantemente as operações, garantindo que as expectativas dos titulares sejam atendidas ou superadas.
- **Indicadores e definição de estratégias para aprimoramento:** além do uso de *feedbacks*, indicado acima, entender as métricas e os indicadores relacionados aos direitos dos titulares (p. ex., indicadores de desempenho são fundamentais para monitorar e aprimorar a eficiência do atendimento aos direitos dos titulares – indicadores como número de solicitações, pedidos de exclusão, objeções, volumes recebidos, fechados, em andamento, duração, percentual de satisfação e percentual de satisfação dentro do tempo necessário são cruciais[12]). Além disso, a análise de solicitações por tipo, região, tempos de SLA, reclamações, dúvidas e consentimento (*opt-out*) pode ser valiosa. Todas essas informações podem apoiar na tomada de decisões de negócio, decisões de *design*, interface e UX, formas de tratamento e até de estruturação de prioridades no programa de proteção de dados de forma mais ampla. Afinal, atender aos anseios e expectativas dos titulares de forma mais profunda e baseada em dados permite uma gestão mais estratégica e eficiente do tema e melhoria no relacionamento.
- **Treinamento e conscientização avançados:** desenvolver programas de treinamento que não apenas informem, mas também engajem, os colaboradores na importância de proteger os direitos dos titulares é vital para gerir adequadamente e com eficiência os direitos dos titulares. Isso pode incluir simulações, jogos de *role-playing* e outras metodologias interativas para reforçar a aprendizagem e verificar cenários reais de atendimento para um atendimento mais fluido e adequado.
- **Governança apropriada de dados, incluindo retenção automatizada:** estabelecer uma governança de dados robusta que assegure a conformidade não só com a LGPD, mas também com

---

[12] FUTURE OF PRIVACY FORUM. *Privacy Metrics Report*. Disponível em: https://fpf.org/wp-content/uploads/2022/03/FPF-PrivacyMetricsReport-R9-Digital.pdf. Acesso em: 5 ago. 2024.

padrões internacionais. Isso envolve a criação de políticas claras, responsabilidades definidas e auditorias regulares para manter a integridade do processo. Ainda, a questão da retenção de dados (término do tratamento, com exclusão ou anonimização) é essencial, visto que é um dever na legislação e pode impactar os direitos exercidos pelo titular.

- **Parcerias estratégicas:** formar parcerias com outras organizações e especialistas em proteção de dados para compartilhar melhores práticas, aprender com as experiências alheias e até mesmo desenvolver soluções conjuntas que possam beneficiar múltiplas partes.
- **Auditorias e avaliações:** auditar ou, ao menos, avaliar como o atendimento se operacionaliza na organização também é essencial. Isso informa decisões e permite um aprimoramento contínuo dos pilares de pessoas, processos e tecnologia que podem ser envolvidos no atendimento aos titulares de dados pessoais por uma organização.

Ao adotar essas estratégias, as organizações não só cumprem com suas obrigações legais, mas também se posicionam como líderes em proteção de dados, demonstrando um compromisso genuíno com a privacidade e a autodeterminação informativa dos titulares.

Ainda, ajudam a evitar inconsistências e falhas no processo de atendimento. Por exemplo, no caso de um atendimento feito sem qualidade, o titular poderá encaminhar à ANPD a solicitação, o que pode, inclusive, gerar um ofício posterior da autoridade[13] – e, em casos mais graves ou acúmulo de casos para o controlador, ensejar uma fiscalização. Além disso, tal postura certamente gera um desgaste no relacionamento e na reputação organizacional.

Como se pode observar no Relatório de Governança de Privacidade IAPP-EY 2023[14], as prioridades estratégicas de privacidade têm se ajustado conforme as necessidades e as exigências regulatórias se intensificam. O relatório destaca as principais áreas de foco para os setores de Bancos e Seguros, e de Bens de Consumo, Serviços e Varejo, entre 2022 e 2023.

---

[13] BRASIL. Autoridade Nacional de Proteção de Dados. Perguntas frequentes – ANPD. Disponível em: https://www.gov.br/anpd/pt-br/acesso-a-informacao/perguntas-frequentes-2013-anpd. Acesso em: 5 ago. 2024.

[14] IAPP. Relatório de Governança de Privacidade IAPP-EY 2023. Disponível em: https://iapp.org/resources/article/privacy-governance-full-report/. Acesso em: 5 ago. 2024.

No setor de **Bancos e Seguros**, a realização de Avaliações de Impacto sobre a Proteção de Dados (PIAs) e a incorporação de *Privacy by Design* (*PbD*) tornaram-se a principal prioridade, refletindo uma crescente preocupação com a integração da privacidade desde a concepção dos processos. A gestão de riscos e controles de privacidade subiu em importância, sinalizando uma abordagem mais proativa para mitigar riscos relacionados à privacidade. A governança de IA também emergiu como uma prioridade significativa, mostrando um interesse crescente na regulação e controle dos sistemas de inteligência artificial.

Para o setor de **Bens de Consumo, Serviços e Varejo**, o relatório revela um aumento significativo na prioridade dada às PIAs e *PbD*, com uma ênfase particular na proteção de dados desde a fase de *design* dos produtos e serviços. **Os direitos dos titulares de dados** também ganharam destaque, indicando uma resposta às crescentes preocupações dos **consumidores sobre como seus dados são tratados**. A conformidade transfronteiriça tornou-se uma nova prioridade, refletindo a necessidade de alinhar as práticas de privacidade com as diversas regulamentações internacionais. **Vejamos:**

Relatório de Governança de Privacidade IAPP-EY 2023

Top five strategic privacy priorities for 2023 versus 2022 by sector

BANKING AND INSURANCE

2022	2023	Strategic priority	2022	2023
02	01	PIAs, PbD	36%	32%
06	02	Privacy risk and controls management	26%	31%
01	03	Data deletion	41%	31%
12	04	AI governance	18%	30% ↑
03	05	Governance and operating model	34%	28%

CONSUMER GOODS, SERVICES AND RETAIL

2022	2023	Strategic priority	2022	2023
04	01	PIAs, PbD	29%	56% ↑
12	02	Data subject rights	14%	30%
N/A	02	Cross-border compliance to align privacy program across multiple countries' new privacy laws	N/A	30%
02	04	Data deletion	31%	26%
12	04	Data minimization	14%	26%

*N/A: No applicable data, as this section did not appear in the 2022 survey.

Os indicadores de atendimento aos direitos dos titulares de dados são essenciais para monitorar e melhorar a qualidade do serviço prestado pelas organizações em relação à proteção de dados pessoais. Esses indicadores incluem, sem limitação:

1) **TMR:** O **tempo médio de resposta (tmr)**, que mede o tempo necessário para fornecer uma resposta inicial às solicitações dos titulares.

2) **TR**: O **tempo de resolução (tr)**, que avalia a duração total para resolver completamente uma solicitação.

3) **TCP**: A **taxa de conformidade com prazos legais** é outro indicador crucial, demonstrando a eficiência da organização em cumprir os prazos estabelecidos pela LGPD.

4) **ST**: A **satisfação dos titulares** mede a percepção dos titulares sobre a qualidade do atendimento recebido.

5) **TSR**: A **taxa de solicitações reabertas** indica a necessidade de acompanhamento adicional em casos não resolvidos adequadamente.

6) **VST**: O **volume de solicitações por tipo** fornece *insights* sobre as demandas mais comuns, ajudando a alocar recursos e melhorar processos.

Esses indicadores possuem dupla finalidade: garantir que os direitos dos titulares sejam respeitados e o fortalecimento da transparência e da responsabilidade. Estes, por sua vez, promovem a gestão eficaz da privacidade assim como aumentam a confiança dos titulares de dados pessoais.

CONCLUSÃO

Tratar um tema tão relevante quanto os direitos dos titulares pode ser uma tarefa complexa, mas que pode (caso seja realizada de forma estratégica) trazer inúmeros ganhos para a organização. Um deles, e talvez o mais primordial, é a própria oportunidade que este momento de interface com o titular invoca para a organização, utilizando-o como uma forma de conquistar a confiança e estreitar uma relação positiva com este importante *stakeholder*. Por outro lado, o correto, eficiente e eficaz direcionamento do tema colabora para prevenir denúncias, peticionamentos na autoridade, e, num país tão litigioso como o Brasil, processos também judiciais decorrentes de violação de direitos previstos em lei, o que poderia prejudicar a reputação e os relacionamentos da organização. Esse entendimento é reforçado pelo posicionamento[15] da

---

[15] O entendimento pode ser extraído da página da ANPD. Disponível em: https://www.gov.br/anpd/pt-br/canais_atendimento/cidadao-titular-de-dados/denuncia-peticao-de-titular#:~:text=DEN%C3%9ANCIAS%20OU%20PETI%C3%87%-C3%95ES%20DE%20TITULAR,Abrir%20requerimento%20relacionado%20%C3%A0%20 LGPD. Acesso em: 5 ago. 2024.

própria ANPD que orienta que, antes de peticionar perante a autarquia, o exercício de direitos deve ser solicitado, primeiro, diretamente ao controlador, e somente em caso de ausência ou inércia do agente de tratamento é que caberá a comunicação ao órgão.

Atuando com a lente da oportunidade trazida pela temática de direitos dos titulares, podemos alavancar a proteção de dados – dentro e fora dos muros organizacionais – ao efetivar o exercício de direitos que são, em seu cerne, a forma pela qual se dá a autodeterminação informativa, pilar essencial e fundamento da própria proteção de dados pessoais.

Portanto, parece-nos evidente que o dever de atendimento aos direitos dos titulares oferece uma possibilidade única de impulsionamento da proteção de dados para além dos limites "tradicionais", integrando-a ao cerne das operações organizacionais. Esperamos que os *insights* aqui trazidos te permitam atuar em prol disso e que possamos, dia a dia, direito a direito que tenha sido exercido por um titular, alavancar e elevar o padrão de como a autodeterminação informativa é percebida e implementada, também trazendo operações mais ágeis, transparentes e responsivas, que respeitem a autonomia dos indivíduos e, ao mesmo tempo, fortaleçam a confiança na marca.

REFERÊNCIAS

FUTURE OF PRIVACY FORUM. *Privacy Metrics Report*. Disponível em: https://fpf.org/wp-content/uploads/2022/03/FPF-PrivacyMetricsReport-R9-Digital.pdf. Acesso em: 5 ago. 2024.

IAPP. Relatório de Governança de Privacidade IAPP-EY 2023. Disponível em: https://iapp.org/resources/article/privacy-governance-full-report/. Acesso em: 5 ago. 2024.

MERCADO LIVRE. Relatório de Transparência do Primeiro Semestre de 2023. Disponível em: https://www.mercadolivre.com.br/institucional/nos-comunicamos-noticia/relatorio-transparencia-do-primeiro-semestre-2023. Acesso em: 5 ago. 2024.

CAPÍTULO 9
Gestão de terceiros para empresas ágeis: desafios e soluções

Frederico Félix Gomes[1]

INTRODUÇÃO

Um dos principais desafios trazidos pela Lei Geral de Proteção de Dados Pessoais (LGPD) refere-se à chamada "gestão de terceiros". Isso porque, ao estabelecer em seu art. 42 o regime de "responsabilidade solidária" entre Controlador e Operador, pelo tratamento irregular de dados pessoais e violações de segurança, a Lei criou incentivos para que os Agentes de Tratamento adotem uma postura diligente e proativa, sobretudo na escolha de terceiros que tratam dados pessoais sob sua custódia.

Neste capítulo, a "gestão de terceiros" será tratada como o conjunto de atividades que visam a seleção, avaliação, contratação e monitoramento dos fornecedores de produtos ou serviços de uma empresa, cujo objeto envolva o tratamento de dados pessoais. Vale dizer que este processo é crucial para garantir a conformidade com requisitos legais e regulamentares, como a LGPD.

Para realização desse processo, é comum utilizarmos alguns *frameworks* de mercado, que auxiliam na avaliação de riscos desses "terceiros", sobretudo sob o ponto de vista de Privacidade, Proteção de Dados e Segurança da Informação. A título de exemplo, podemos citar o NIST CSF, a ISO 27001, ISO 27701, PCI-DSS, COBIT, entre outros.

Ocorre que a utilização desses *frameworks* tradicionais de mercado pode ser tido como algo complexo e demorado, principalmente para "empresas ágeis", como *startups*, *scaleups*, *big techs* e demais empresas

---

[1] Advogado e DPO. Mestre em Direito Empresarial (Faculdade de Direito Milton Campos). LL.M pela Santa Clara University School of Law (California). Possui Cursos de Pós-Graduação nas áreas de Privacidade, Proteção de Dados, Direito Digital e Segurança da Informação. Certificado pela IAPP (FIP, CIPP/E, CIPM, CDPO/BR).

de cunho tecnológico, onde os processos internos precisam se adaptar a uma cultura marcada notadamente pela necessidade de rapidez, mudanças repentinas e escassez de recursos.

Diante desse cenário, como podemos conciliar um processo tido como "lento" com uma cultura "ágil"? É justamente esse (aparente) conflito que este artigo pretende analisar, bem como trazer algumas possíveis soluções.

1. EMPRESAS "ÁGEIS" E SUAS PARTICULARIDADES

Encontramos na literatura algumas definições para "empresas ágeis". Para fins deste artigo, iremos classificar como "ágeis" as organizações que adotam os princípios e práticas de agilidade ("agile") para se adaptar rapidamente às mudanças do mercado e às necessidades dos clientes, visando aumentar a eficiência operacional, a produtividade e a satisfação do cliente final.

Há, ainda, alguns pontos-chave para que uma empresa possa ser considerada "ágil". Entre eles, podemos destacar:

a) **Flexibilidade e adaptabilidade:** capacidade de responder rapidamente a mudanças internas e externas. Isso inclui alterações nas demandas dos clientes, mudanças tecnológicas e variações nas condições do mercado.

b) **Colaboração e comunicação:** promoção da colaboração entre equipes multidisciplinares e valorização da comunicação aberta e transparente.

c) **Foco no cliente:** cliente no centro das operações, garantindo que suas necessidades e *feedbacks* sejam considerados em todas as etapas do desenvolvimento de produtos e serviços.

d) **Entregas incrementais:** ao invés de desenvolver um produto completo antes de lançá-lo, empresas ágeis entregam incrementos pequenos e funcionais regularmente, permitindo ajustes rápidos com base no *feedback* dos usuários.

e) **Melhoria contínua:** incentivo à revisão constante de processos e resultados para identificar áreas de melhoria, promovendo um ambiente de aprendizado contínuo.

A partir desses pontos, é possível analisar os impactos advindos do desalinhamento entre os tradicionais *frameworks* de mercado para gestão de terceiros, com foco na Privacidade e Proteção de Dados, e os valores e práticas "ágeis" acima citados.

2. IMPACTOS DE UM POSSÍVEL DESALINHAMENTO ENTRE UMA CULTURA "ÁGIL" E O TRADICIONAL PROCESSO DE GESTÃO DE TERCEIROS

Como dito anteriormente, alguns *frameworks* tradicionalmente utilizados no mercado para avaliação e gestão de terceiros podem apresentar alguns desafios para empresas que prezam pelos pilares de uma cultura "ágil". Aliás, existe uma célebre frase no meio das empresas de tecnologia que diz que "a cultura come a estratégia no café da manhã"[2]. Certamente, o desalinhamento entre cultura, estratégia e processos internos é um caminho que deve ser evitado.

Pela nossa experiência, empresas dessa natureza, geralmente, operam com cronogramas bem apertados. Há sempre um certo "senso de urgência", sendo que as áreas responsáveis por analisar e gerir terceiros, bem como avaliar os riscos do compartilhamento de dados pessoais com estes, precisam prover tais análises e recomendações em prazos extremamente exíguos.

São vários os *stakeholders* envolvidos num processo de gestão de terceiros. A título de exemplo, o time Jurídico precisa analisar contratos e cláusulas. O time Comercial precisa negociar pontos específicos da contratação, o time de *Compliance* precisa fazer análise de risco, entre outros. Fato é que, se considerarmos os controles contidos em normas como ISO 27001 ou ISO 27701, ou ainda, a combinação de ambas, podemos ter um questionário de avaliação de terceiros que pode chegar a 180 itens!

Se não bastasse, o tempo de resposta para uma avaliação deste tamanho pode demorar de 20 a 30 dia entre idas e vindas, análises, recomendações etc. Algo completamente inviável num contexto em que 5 dias podem soar como uma "eternidade".

Outro pilar diretamente impactado por processos internos lentos e demasiadamente complexos é justamente a "adaptabilidade". Ora, "empresas ágeis" precisam se reinventar o tempo todo. Nada está escrito "em pedra". Os processos internos são "vivos". Trata-se de

---

[2] Traduzido do inglês *culture eats strategy for breakfast*. Não há uma autoria específica, mas o dito é geralmente associado a Peter Drucker.

metamorfose constante, buscando sempre maior eficiência operacional. Novas ferramentas e tecnologias podem surgir. Times podem ser reorganizados. Eventualmente, *frameworks* engessados demais irão colidir com essas mudanças.

Estabelecidos os pontos de eventuais desalinhamentos entre os tradicionais *frameworks* de mercado para gestão de terceiros, com foco em Privacidade e Proteção de Dados com os pilares de uma cultura "ágil", quais as possíveis soluções?

3. CONSTRUINDO UMA ESTRATÉGIA PARA A "GESTÃO ÁGIL DE TERCEIROS"

Como tudo que envolve questões de alta complexidade, dificilmente existe uma "bala de prata" ou uma solução que resolva todos os problemas. Acreditamos que o melhor caminho é a melhoria do processo como um todo, sempre remetendo aos princípios e práticas "ágeis". Para tanto, iremos propor uma estratégia capaz de implementar um processo que iremos chamar de "Gestão Ágil de Terceiros".

Primeiramente, o foco deve ser na identificação das necessidades do processo de gestão de terceiros sob o prisma holístico, entendo as particularidades de cada área, a cultura da empresa, além dos requisitos legais e regulatórios. Após, é interessante analisar as lacunas existentes, bem como avaliar os pontos fortes e fracos utilizando, por exemplo, uma metodologia SWOT.

Em seguida, o foco deve ser no planejamento, definindo-se objetivos claros e mensuráveis para o novo processo, alinhados com a estratégia geral da empresa. Nesta fase, podemos criar políticas e diretrizes que sejam compreensíveis e acessíveis a todas as pessoas envolvidas ou interessadas. Interessante também criar um fluxograma do processo, detalhando cada etapa, responsabilidades, entradas e saídas.

Além disso, a criação de procedimentos e documentos padronizados – e não engessados – pode ser um aliado no ganho de tempo e eficiência. É importante definir um modelo de *due diligence* que se encaixe com as necessidades anteriormente mapeadas. No caso de empresas ágeis, onde *frameworks* tradicionais de mercado tendem a não funcionar, é necessário adotar uma postura flexível.

Neste ponto, recomendamos simplesmente focar naquilo que realmente importa. Porém, essa definição pode ser bastante desafiadora. Uma boa opção é utilizar o chamado "Princípio de Pareto", também conhecido como regra 80/20. Trata-se de um conceito econômico e de gestão que afirma que, em muitos eventos, aproximadamente 80% dos efeitos vêm de 20% das causas.

Trazendo para o contexto de Privacidade e Proteção de Dados, temos que 80% dos riscos de terceiros estão em 20% das causas. A partir da identificação dessas causas, que podem variar de empresa para empresa, a depender do segmento de atuação, porte, reputação etc., podemos minimizar bastante os pontos a serem abordados, por exemplo, em um formulário de *due diligence* a ser enviado a um terceiro.

Em seguida, entra a parte que entendemos como a mais desafiadora, qual seja, o engajamento de pessoas. Como dito anteriormente, cada área possui uma agenda, metas a bater e prazos a cumprir. É fundamental que estejam todos na "mesma página", tendo como norte a estratégia geral da empresa e os pilares que formam sua cultura.

A comunicação deve ser clara e objetiva, ressaltando, sobretudo, os ganhos que uma gestão de terceiros bem-feita traz para a instituição como um todo. Para tanto, é válido apostar em treinamentos, vídeos educativos, alinhamentos síncronos e assíncronos. Isso também vale para o fluxo de retorno do *due diligence*.

Novamente, é preciso ter uma comunicação facilitada, além de transparência nas negociações. Algo muito útil a se fazer é utilizar plataformas e ferramentas compartilhadas em que as partes podem ver, em tempo real, as sugestões das outras, otimizando assim o famoso "vai e vem".

Definido o planejamento do processo e superadas as barreiras de comunicação, o foco deve ser na implementação de um projeto piloto, visando identificar possíveis falhas e oportunidades de melhorias. Atingindo-se um resultado satisfatório, o processo está apto a escalar conforme a necessidade. Como dito anteriormente, trata-se de algo "vivo", ou seja, é interessante coletar *feedbacks* de maneira contínua, haja vista que há sempre espaço para melhorias.

Por fim, é importante definir algumas métricas e indicadores de desempenho para avaliar a eficiência e a agilidade do processo, como, por exemplo, o tempo de avaliação, o prazo de resposta, a duração do processo como um todo, o NPS para experiência dos usuários do processo e até eventuais incidentes originados a partir do relacionamento desses terceiros. Afinal, todo esse processo de "gestão de terceiro" tem por objetivo mitigar riscos advindos de sua má gestão, conforme apontado na introdução deste trabalho.

CONSIDERAÇÕES FINAIS

Conforme demonstrado neste artigo, a gestão de terceiros pode ser um processo bastante desafiador em empresas "ágeis", sobretudo se recorrermos a soluções tradicionais de mercado.

A proposta deste artigo foi justamente instigar e convidar o leitor a pensar "fora da caixa", a questionar esses métodos tradicionais. A adaptar processos internos, fundamentais para um programa de *compliance*, privacidade, proteção de dados e segurança da informação, para uma cultura "ágil", rompendo com o processualismo exacerbado, ou o "*compliance* pelo *compliance*".

Concluindo, o foco deve ser nos resultados, no ganho de eficiência operacional e na experiência dos usuários (partes interessadas), sem, contudo, perder de vista o objetivo final, que é a mitigação de riscos advindos desses terceiros.

REFERÊNCIAS

ANDRADE, M. J. de; LEITE, G. S. *Lei Geral de Proteção de Dados Pessoais comentada: artigo por artigo*. Rio de Janeiro: Forense, 2020.

BENTON, W. C. Purchasing and Supply Chain Management. McGraw-Hill Education, 2014.

BIONI, Bruno. *Proteção de dados pessoais*: a função e os limites do consentimento. Belo Horizonte: Fórum, 2019.

DENNING, S. The Age of Agile: How Smart Companies Are Transforming the Way Work Gets Done. AMACOM, 2018.

DONEDA, Danilo. *A proteção de dados pessoais no Brasil*: A Lei Geral de Proteção de Dados (LGPD). São Paulo: Saraiva Jur, 2021.

GELDERMAN, C. J.; SEMEIJN, J.; DE BOER, L. The impact of strategic and tactical purchasing on supplier dependence and supplier performance. *Journal of Purchasing and Supply Management*, 21(3), 171-182, 2015.

HIGHSMITH, J. Agile Project Management: Creating Innovative Products. Addison-Wesley Professional, 2009.

KOCH, Richard. *The 80/20 Principle*: The Secret to Achieving More with Less, 1999.

MONCZKA, R. M.; HANDFIELD, R. B.; GIUNIPERO, L. C.; PATTERSON, J. L. *Purchasing and Supply Chain Management*. Cengage Learning, 2015.

RIGBY, D. K.; SUTHERLAND, J.; TAKEUCHI, H. Embracing Agile. *Harvard Business Review*, 2016.

SCHWABER, K.; SUTHERLAND, J. The Scrum Guide: The Definitive Guide to Scrum: The Rules of the Game. Scrum Guide, 2020.

SIQUEIRA, E. P.; GUSMÃO, L. A. *Comentários à Lei Geral de Proteção de Dados Pessoais (LGPD)*. São Paulo: Revista dos Tribunais, 2020.

VAN WEELE, A. J. *Purchasing and Supply Chain Management:* Analysis, Strategy, Planning and Practice. Cengage Learning, 2018.

CAPÍTULO 10
Relações institucionais – operacionalizando a comunicação de incidente e demais tratativas com a autoridade nacional de proteção de dados

Luiza Sato[1]
Matheus Sturari[2]

INTRODUÇÃO

No cenário contemporâneo, em que dados representam os mais valiosos ativos das organizações, a proteção da privacidade, a proteção de dados e a segurança da informação emergem como pilares fundamentais da governança corporativa. Nesse contexto, a Autoridade Nacional de Proteção de Dados (ANPD) surge como entidade que desempenha papel crucial na garantia do cumprimento das normas pertinentes.

---

[1] Sócia do escritório TozziniFreire Advogados em São Paulo, com reconhecida experiência nas áreas de Proteção de Dados, Direito Digital e Propriedade Intelectual. É graduada na Faculdade de Direito do Largo São Francisco (USP), com pós-graduação em Propriedade Intelectual na GVLaw e possui LL.M em Direito e Tecnologia pela Universidade da Califórnia – UC Berkeley. Em 2023, Luiza foi eleita pela Legal500 como next generation partner, pela WWL Global, como uma das 500 advogadas recomendadas no mundo na área de Proteção de Dados. Luiza também é reconhecida pelo diretório Chambers & Partners na área de Proteção de Dados. Atua hoje principalmente em consultoria, projetos de adequação e transações envolvendo proteção de dados e consultoria em direito digital e direitos de propriedade intelectual.

[2] Matheus é sócio na área de Proteção de Dados e Privacidade do escritório CMT Advogados, atuando e conduzindo diversos Programas de Adequação à LGPD. É certificado pela International Association of Privacy Professionals (IAPP) como Certified Information Privacy Manager (CIPM) e Certified Information Privacy Professional Europe (CIPP/E), bem como reconhecido como Fellow of Information Privacy (FIP). Possui experiência prática em Proteção de Dados, tendo trabalhado, tanto como *in-house* em grande multinacional de eletrônicos, como na posição de prestador de serviços. Atua também em consultas e demandas específicas que envolvem LGPD, GDPR e outras regulações de Proteção de Dados, incluindo casos na Autoridade Nacional de Proteção de Dados, *assessments* específicos, auditorias, revisões contratuais, pareceres e afins.

A interação dos agentes de tratamento com a ANPD transcende a mera formalidade: trata-se de elo vital na cadeia de conformidade, prestação de contas e responsabilidade. Como evidenciado pelos primeiros casos de sanções aplicadas, a falta de comunicação e cooperação com a autoridade pode acarretar consequências significativas para as organizações[3].

Um aspecto particularmente relevante é a questão das comunicações de incidentes de segurança. Tais notificações não devem ser encaradas como meros procedimentos burocráticos, mas como uma estratégia essencial na salvaguarda dos interesses de toda a sociedade e na mitigação de potenciais danos. É importante compreender que as sanções impostas pela ANPD, muitas vezes, têm suas raízes em incidentes de segurança não comunicados ou subestimados pelas organizações.

Dessa forma, este capítulo visa explorar a importância vital da interação com a ANPD e a significância das notificações de incidentes de segurança. Ao compreender a centralidade desses aspectos na conformidade com a legislação de proteção de dados, as organizações estarão mais bem preparadas para enfrentar os desafios do ambiente regulatório atual e para proteger os direitos e liberdades fundamentais de titulares de dados.

COMUNICAÇÃO DE INCIDENTES À ANPD

A Lei Geral de Proteção de Dados (LGPD)[4] estabelece, em seu art. 48, que o controlador deverá comunicar à ANPD e ao titular a ocorrência de incidente de segurança que possa acarretar risco ou dano relevante aos titulares.

Em abril de 2024, a ANPD publicou o até então muito aguardado Regulamento de Comunicação de Incidente de Segurança[5], que trouxe respostas aos questionamentos envolvendo a natureza dos eventos que

---

[3] Interessante a leitura do Relatório de Instrução n. 1/2023/CGF/ANPD, a respeito da imposição da primeira sanção da ANPD, contra empresa de pequeno porte que não foi responsiva frente aos contatos da autoridade. Disponível em https://www.gov.br/anpd/pt-br/assuntos/noticias/sei_00261-000489_2022_62_decisao_telekall_inforservice.pdf. Acesso em: 25 maio 2024.
[4] BRASIL. Lei n. 13.709/2018. Disponível em https://www.planalto.gov.br/ccivil_03/_ato2015-2018/2018/lei/l13709.htm. Acesso em: 25 maio 2024.
[5] BRASIL. Resolução ANPD n. 15, de 24 de abril de 2024. Disponível em https://www.in.gov.br/en/web/dou/-/resolucao-cd/anpd-n-15-de-24-de-abril-de-2024-556243024. Acesso em: 24 maio 2024.

deveriam ser reportados, bem como formas e prazos das notificações tanto à ANPD quanto aos titulares de dados.

Primeiramente, um incidente de segurança é considerado qualquer evento adverso confirmado, relacionado à violação das propriedades de confidencialidade, integridade, disponibilidade e autenticidade da segurança de dados pessoais[6].

Já o incidente de segurança que pode acarretar risco ou dano relevante aos titulares é aquele que pode (i) afetar significativamente interesses e direitos fundamentais dos titulares (como nos casos em que a atividade de tratamento puder impedir o exercício de direitos ou a utilização de um serviço, assim como ocasionar danos materiais ou morais aos titulares, tais como discriminação, violação à integridade física, ao direito à imagem e à reputação, fraudes financeiras ou roubo de identidade) e, cumulativamente, (ii) envolver, pelo menos, um dos seguintes critérios: dados pessoais sensíveis, dados de crianças, de adolescentes ou de idosos, dados financeiros, dados de autenticação em sistemas, dados protegidos por sigilo legal, judicial ou profissional, ou dados em larga escala (aquele que abranger número significativo de titulares, considerando, ainda, o volume de dados envolvidos, bem como a duração, a frequência e a extensão geográfica de localização dos titulares).

A comunicação de incidente de segurança à ANPD deverá ser realizada pelo controlador, por meio do encarregado juntando a comprovação de poderes, e deverá conter:

(i) a descrição da natureza e da categoria de dados pessoais afetados;

(ii) o número de titulares afetados, discriminando, quando aplicável, o número de crianças, de adolescentes ou de idosos;

(iii) as medidas técnicas e de segurança utilizadas para a proteção dos dados pessoais, adotadas antes e após o incidente, observados os segredos comercial e industrial;

---

[6] Pelo Regulamento, a "confidencialidade" é a propriedade pela qual se assegura que o dado pessoal não esteja disponível ou não seja revelado a pessoas, empresas, sistemas, órgãos ou entidades não autorizados. Por sua vez, a "integridade" é propriedade pela qual se assegura que o dado pessoal não foi modificado ou destruído de maneira não autorizada ou acidental. Já a "disponibilidade" é a propriedade pela qual se assegura que o dado pessoal esteja acessível e utilizável, sob demanda, por uma pessoa natural ou determinado sistema, órgão ou entidade devidamente autorizados. Por fim, a "autenticidade" é a propriedade pela qual se assegura que a informação foi produzida, expedida, modificada ou destruída por uma determinada pessoa física, equipamento, sistema, órgão ou entidade.

(iv) os riscos relacionados ao incidente com identificação dos possíveis impactos aos titulares;
(v) os motivos da demora, no caso de a comunicação não ter sido realizada no prazo previsto no *caput* deste artigo;
(vi) as medidas que foram ou que serão adotadas para reverter ou mitigar os efeitos do incidente sobre os titulares;
(vii) a data da ocorrência do incidente, quando possível determiná-la, e a de seu conhecimento pelo controlador;
(viii) os dados do encarregado ou de quem represente o controlador;
(ix) a identificação do controlador e, se for o caso, declaração de que se trata de agente de tratamento de pequeno porte;
(x) a identificação do operador, quando aplicável;
(xi) a descrição do incidente, incluindo a causa principal, caso seja possível identificá-la; e
(xii) o total de titulares cujos dados são tratados nas atividades de tratamento afetadas pelo incidente.

O controlador deverá juntar ainda ao processo uma declaração de que foi realizada a comunicação aos titulares, constando os meios de comunicação ou divulgação utilizados.

A comunicação de incidente de segurança tanto à ANPD como aos titulares de dados deverá ser realizada pelo controlador no prazo de três dias úteis a contar do conhecimento do fato, ressalvada a existência de prazo para comunicação previsto em legislação específica, e poderá haver a complementação de informações em 20 dias úteis, a contar da data da comunicação. Os prazos são contados em dobro para agentes de pequeno porte.

Conforme Crespo (2020, p. 431)[7]:

> embora muitas vezes seja difícil estabelecer o exato momento em que a corporação tomou conhecimento de uma violação, a corporação estará ciente todas as vezes que houver razoável grau de certeza de que ocorreu um incidente que levou ao comprometimento dos dados pessoais. Também haverá ciência quando a parte for informada por outra, como nas relações controlador e operador (deve, inclusive, haver previsão em contrato).

---

[7] CRESPO, Marcelo. Gestão de Incidentes de Violação de Dados Pessoais. In: PALHARES, Felipe (Coord.). *Temas atuais de proteção de dados*. São Paulo: Thomson Reuters, 2020.

Todos os processos administrativos da ANPD são instruídos em meio eletrônico, utilizando o Sistema Eletrônico de Informações (SEI). Recomenda-se fortemente que agentes de tratamento já criem suas contas no SEI, pois se trata de procedimento burocrático que toma alguns dias para a conclusão. Caso o agente o faça apenas no momento de comunicação do incidente, provavelmente perderá o prazo legal da comunicação. Todas as informações para tanto estão bem explicitadas no próprio *website* da ANPD[8].

A comunicação de um incidente de segurança é apenas parte das ações necessárias para a abordagem do evento. De acordo com Jimene et al. (2022, p. 44)[9], outros procedimentos são imprescindíveis quando da ocorrência do incidente, tais como a preservação de evidências, a comunicação à seguradora quando pertinente, a formação de comitê de crise integrado por grupo multisetorial de colaboradores da organização (TI, jurídico, *compliance*, comunicação etc.), a investigação e o relatório do incidente, a avaliação de risco da gravidade do incidente, a elaboração de respostas a questionamento dos titulares impactados, a publicação de fato relevante quando obrigatório e a elaboração de notas reativas à imprensa.

Ter toda uma estrutura preparada para a ocasião é primordial. Nesse sentido, Zangirolami (2021, p. 520-521)[10] traz exemplos de ações para tanto:

(i) treinamentos do time responsável em gerenciar o incidente;
(ii) investimento em ferramentas que automatizam as etapas do fluxo de resposta a incidentes;
(iii) simulação de incidentes de segurança;
(iv) implementação de programas de conscientização aos funcionários sobre segurança cibernética;
(v) envolvimento do time de segurança de uma maneira mais ampla no processo de decisão da empresa; e

---

[8] Disponível em https://www.gov.br/anpd/pt-br/canais_atendimento/peticionamento-eletronico-anpd. Acesso em: 24 maio 2024.

[9] JIMENE, Camilla do V.; PINHEIRO, Nina R.; AZEVEDO, Vinicius. Resposta a incidentes de segurança da informação. In: LIMA, Ana Paula C. de; ALVEZ, Fabrício da M. (Coords.). *Comentários aos regulamentos e orientações da ANPD*. São Paulo: Thomson Reuters, 2022.

[10] ZANGIROLAMI, Juliana S. Notificação de incidentes de segurança e nível de risco. In: PALHARES, Felipe (Coord.). *Estudos sobre privacidade e proteção de dados*. São Paulo: Thomson Reuters Brasil, 2021.

(vi) priorização do orçamento de segurança para determinadas informações, incluindo dados pessoais.

OUTRAS INTERAÇÕES COM A ANPD

Além de incidentes de segurança envolvendo dados pessoais, podem ocorrer tratativas perante a ANPD referentes a outros temas ou decorrentes de outras demandas perante a Autoridade.

Ofícios

Um agente de tratamento pode precisar responder a determinado ofício encaminhado diretamente pela Autoridade, cuja motivação pode ser bastante variável, por exemplo, no caso de 2021, em que a ANPD apurou[11] suposto vazamento de dados pessoais noticiado em grandes veículos de comunicação[12].

Denúncias e petições de titulares

No entanto, o caso mais comum de interação com a ANPD, além das comunicações envolvendo incidentes de segurança, são as denúncias ou petições de titulares de dados pessoais, sendo as denúncias: *comunicação feita à ANPD por qualquer pessoa, natural ou jurídica, de suposta infração cometida contra a legislação de proteção de dados pessoais do País, que não seja uma petição de titular*; e as petições: *comunicação feita à ANPD pelo titular de dados pessoais de uma solicitação apresentada ao controlador e não solucionada no prazo estabelecido em regulamentação, nos termos do inciso V do art. 55-J da LGPD*[13].

Como se pode notar, as petições de titulares de dados pessoais dizem respeito, necessariamente, a solicitações dos titulares perante controladores, as quais não foram solucionadas no prazo estabelecido por regulamentação; já a denúncia pode se dar a qualquer momento, independentemente de tratativa prévia com o controlador.

---

[11] Ver: https://www.gov.br/anpd/pt-br/assuntos/noticias/anpd-apura-caso-de-vazamento-de-dados-de-operadoras-de-telefonia. Acesso em: 17 jun. 2024.

[12] Ver: https://g1.globo.com/economia/tecnologia/noticia/2021/02/11/como-megavazamentos-de-dados-acontecem-e-por-que-e-dificil-se-proteger-deles.ghtml. Acesso em: 17 jun. 2024.

[13] BRASIL. Resolução CD/ANPD n. 1/2021. Disponível em: https://www.gov.br/anpd/pt-br/documentos-e-publicacoes/regulamentacoes-da-anpd/resolucao-cd-anpd-no1-2021. Acesso em: 17 jun. 2024.

Destacam-se, em termos de prazos para atendimento a solicitações de titulares, alguns pontos relevantes e que merecem atenção.

Geralmente, o prazo para resposta a solicitações de titulares mais conhecido é o prazo de 15 dias previsto pelo segundo inciso do art. 19 da LGPD[14]. Acontece que, conforme a própria redação do *caput* do artigo, esse prazo diz respeito especificamente ao direito de confirmação de existência de tratamento e direito de acesso aos dados pessoais previstos pelos incisos I e II do art. 18 da LGPD[15]. Além disso, cumpre destacar que esse prazo de 15 dias se dá para o formato de **declaração clara e completa** previsto pelo art. 19, II.

Para os demais direitos previstos pelo art. 18 da LGPD, ao menos enquanto não houver direcionamento diferente da ANPD, aparentemente, aplica-se o disposto pelos §§ 3º e 4º do art. 18, cuja redação se apresenta a seguir:

> § 3º Os direitos previstos neste artigo serão exercidos mediante requerimento expresso do titular ou de representante legalmente constituído, a agente de tratamento.
>
> § 4º Em caso de impossibilidade de adoção imediata da providência de que trata o § 3º deste artigo, o controlador enviará ao titular resposta em que poderá:
>
> I – comunicar que não é agente de tratamento dos dados e indicar, sempre que possível, o agente; ou
>
> II – indicar as razões de fato ou de direito que impedem a adoção imediata da providência.

Dessa forma, pela leitura fria da lei, extrai-se que o restante de eventuais providências envolvendo requerimentos dos titulares, via de regra, deve ser adotado imediatamente ou, caso não seja possível, tal impossibilidade deve ser esclarecida ao titular.

É importante destacar alguns aspectos práticos, no entanto, sobre requerimentos de titulares de dados pessoais perante organizações. A adoção de medidas deve ser realizada após avaliação de legitimidade para tal solicitação e apenas quando cabível a solicitação realizada. Por vezes, após avaliação, o controlador precisa retornar com negativa ao

---

[14] BRASIL. Lei n. 13.709/2018. Disponível em: https://www.planalto.gov.br/ccivil_03/_ato2015-2018/2018/lei/l13709.htm. Acesso em: 17 jun. 2024.

[15] Ibid.

Capítulo 10 • Relações institucionais

titular de dados pessoais, que pode ocasionar insatisfação ou frustração e posterior petição ou denúncia perante a Autoridade[16].

Exemplo claro disso se extrai do próprio relatório publicado pela ANPD em 2023, por meio do qual, ao tratar do principal motivo de petições de titulares – suposta dificuldade de exercício do direito à eliminação de dados pessoais –, a ANPD destaca que tal volume de petições se dá pelo entendimento equivocado dos titulares de que o tratamento está vinculado exclusivamente ao consentimento. Dessa maneira, destaca a Autoridade:

> Em muitas das respostas encaminhadas pelos controladores aos pedidos de manifestação, o que se nota é que há outra hipótese legal que respalda o tratamento do dado pessoal, como, por exemplo, a obrigação legal e regulatória ou para viabilizar o exercício regular de direitos em processo judicial, administrativo ou arbitral. Por esses motivos, em muitos casos, o controlador alega não ser possível atender o pedido de exclusão, o que acaba frustrando as expectativas do titular[17].

Como se pode notar, petições de titulares têm relação, especificamente, com os direitos dos titulares previstos pela LGPD, no entanto, denúncias podem ter por objeto qualquer aspecto da lei, uma vez que seu objeto seria denunciar o descumprimento, por parte de determinado agente de tratamento, de algum ou alguns aspectos previstos pela lei.

Diante desse cenário, variados podem ser os temas de tratativas perante a ANPD, no entanto, alguns podem tanto ser mais comuns como, por vezes, mais relevantes do que outros.

De acordo com relatório publicado pela ANPD em 2023, os temas mais recorrentes nas petições de titulares de dados são os referentes à dificuldade de exercício do direito de eliminação de dados pessoais e do direito de acesso aos dados pessoais[18].

---

[16] Interessante consultar, por exemplo, as orientações da *Information Commissioner"s Office* (ICO) acerca do atendimento a requerimentos dos titulares. Inclusive, no documento há menções de hipóteses de recusa de atendimento ao titular ou de excessivas solicitações repetidas de titulares e outros exemplos úteis à prática. Disponível em: https://ico.org.uk/for-organisations/uk-gdpr-guidance-and-resources/individual-rights/right-of-access/. Acesso em: 17 jun. 2024.

[17] BRASIL. ANPD Relatório de Ciclo de Monitoramento. Disponível em: https://www.gov.br/anpd/pt-br/assuntos/noticias/anpd-publica-o-segundo-relatorio-de-ciclo-de-monitoramento. Acesso em: 17 jun. 2024.

[18] Ibid., p. 9.

Um dos pontos mais sensíveis tratados em petições ou denúncias de titulares é o compartilhamento de dados pessoais com terceiros. Seja por alegações de falta de transparência quanto a compartilhamentos, seja por questionamentos no sentido de que os compartilhamentos não teriam sido autorizados pelos titulares, trata-se de tema recorrente nas tratativas perante a ANPD.

Se na volumetria de petições o tema não está entre os primeiros no relatório divulgado pela ANPD, na volumetria de denúncias o tema ocupa a terceira posição[19]. Sem prejuízo, não é a volumetria que torna esse tema tão relevante, mas a dificuldade de tratá-lo perante a Autoridade e terceiros. A prestação de contas, referente à gestão de compartilhamento de informações com terceiros é uma das maiores dores dos agentes de tratamento em termos de maturidade em Proteção de Dados e Privacidade.

A fim de fornecer elementos úteis à tratativa de tal dor, alguns são os pontos que podem auxiliar eventual gestão.

Por vezes, não é possível a implementação, imediata, de avaliação de maturidade em terceiros de maneira geral para determinado agente de tratamento, o que o leva, muitas das vezes, a adotar apenas a postura contratual para lidar com o tema.

Acontece que essa tratativa meramente documental poderá ser interpretada como insuficiente à adequada gestão do compartilhamento de dados com terceiro, no sentido de que apenas a previsão contratual de obrigações entre as partes não cumpre o aspecto de medidas práticas adotadas para efetivamente fazer a gestão do compartilhamento de dados pessoais.

Assim, ponto a ser considerado para a gestão nesse sentido pode ser a avaliação de maturidade em terceiros realizada por etapas, com metodologia aplicada à priorização de determinados terceiros, não por faturamento ou algo assim, mas pela relevância do tratamento de dados envolvido na relação com o terceiro[20].

A priorização de avaliação de maturidade aplicada a determinados terceiros com base na relevância do tratamento de dados pessoais e a execução efetiva de tal avaliação, com tomada de decisão fundamentada nos resultados da avaliação, pode ser muito mais útil em termos de

---

[19] Ibid., p. 19.
[20] Tema que pode auxiliar nesse sentido é acompanhar a discussão sobre tratamento de alto risco. Disponível em: https://www.gov.br/anpd/pt-br/assuntos/noticias/aberta-consulta-a-sociedade-de-a-respeito-de-estudo-preliminar-sobre-alto-risco-e-larga-escala. Acesso em: 17 jun. 2024.

prestação de contas acerca da gestão de compartilhamento de dados pessoais com terceiros do que a mera previsão contratual[21].

Por fim, tema sensível e que tem bastante relação com a volumetria de petições e denúncias, liderando – se considerada sua relação com o direito à eliminação – a volumetria de petições de titulares, de acordo com a ANPD[22], é o aspecto referente ao período de retenção dos dados pessoais.

Aspecto relevante sobre esse tema é o foco, por vezes, equivocado, que agentes de tratamento dão à base legal para tratamento (conforme art. 7º da LGPD), mas ignoram análise mais pormenorizada do princípio da finalidade, previsto pelo art. 6º da LGPD.

A âncora da avaliação de qualquer atividade de tratamento deve ser o princípio da finalidade de tratamento. Assim, para fins de retenção, não seria diferente. Não há que se falar em manutenção de determinada atividade de tratamento de dados pessoais sem a devida constatação de finalidade específica, concreta e legítima.

Por vezes, os titulares, ao acionarem controladores, solicitam a exclusão de dados pessoais por entenderem que, uma vez que não consentiram com o tratamento, seus dados não devem ser tratados – como destacado pela própria ANPD, *vide* trecho acima. Acontece que, de fato, eventualmente, o tratamento não é fundamentado no consentimento e o retorno do controlador se dá somente informando eventual base legal que justifica o tratamento, negando ao titular o atendimento – que pode gerar frustração ou desconforto.

Parece relevante, portanto, mais do que fundamentar o tratamento em base legal, esclarecer ao titular e, eventualmente, perante a ANPD, detalhar a finalidade específica, legítima e concreta para a qual o dado será tratado. Tal abordagem demonstra não só transparência e boa-fé perante o titular, mas, ainda, maior maturidade em termos de gestão de Proteção de Dados e Privacidade perante a Autoridade.

Assim, conclui-se este ponto com a sugestão de que, ao tratar de temas referentes à eliminação de dados pessoais ou de determinação adequada de período de retenção, especificamente considerando eventual prestação de contas perante a ANPD, deve-se levar em conta, até

---

[21] Para uma abordagem mais completa sobre o tema, consultar a série de textos publicadas pela IAPP. Disponível em: https://iapp.org/resources/article/third-party-vendor-management-means-managing-your-own-risk-3/. Acesso em: 17 jun. 2024.
[22] BRASIL. Relatório ANPD. Op. cit., p. 14.

com maior foco do que a base legal – que por vezes acaba sendo consequência óbvia da finalidade –, a análise pormenorizada do princípio da finalidade, em especial, eventual finalidade secundária. A correta fundamentação da finalidade, demonstrando sua concretude, legitimidade e especificidade, pode ser o caminho para eventual sucesso perante a Autoridade.

CONCLUSÃO

Diante da complexidade e das exigências crescentes do ambiente regulatório, a interação das organizações com a ANPD revela-se não apenas como uma obrigação legal, mas como oportunidade crucial para fortalecer a governança de dados. A implementação eficaz das normas de comunicação de incidentes de segurança, conforme estabelecido pela LGPD, não só protege os direitos dos titulares como também mitiga riscos significativos para as organizações. Além disso, as demais tratativas perante a ANPD, sejam repostas a ofícios, ou prestação de contas frente a denúncias ou petições de titulares, destacam a importância da transparência e da conformidade contínua. Ao adotar uma abordagem proativa e transparente, as organizações não apenas cumprem suas responsabilidades legais, mas também promovem a confiança pública e fortalecem sua posição competitiva em um cenário global cada vez mais focado na proteção de dados e na privacidade.

REFERÊNCIAS

BRASIL. ANPD Relatório de Ciclo de Monitoramento. Disponível em: https://www.gov.br/anpd/pt-br/assuntos/noticias/anpd-publica--o-segundo-relatorio-de-ciclo-de-monitoramento. Acesso em: 17 jun. 2024.

CRESPO, Marcelo. Gestão de Incidentes de Violação de Dados Pessoais. In: PALHARES, Felipe (Coord.). *Temas atuais de proteção de dados*. São Paulo: Thomson Reuters, 2020.

JIMENE, Camilla do V.; PINHEIRO, Nina R.; AZEVEDO, Vinicius. Resposta a incidentes de segurança da informação. In: LIMA, Ana Paula C. de; ALVEZ, Fabrício da M. (Coords.). *Comentários aos regulamentos e orientações da ANPD*. São Paulo: Thomson Reuters, 2022.

ZANGIROLAMI, Juliana S. Notificação de incidentes de segurança e nível de risco. In: PALHARES, Felipe (Coord.). *Estudos sobre privacidade e proteção de dados*. São Paulo: Thomson Reuters Brasil, 2021.

CAPÍTULO 11
Gestão efetiva de incidentes de segurança com dados pessoais

Rafael Marques[1]
Tatiana Coutinho[2]

INTRODUÇÃO

Com a promulgação da Lei Geral de Proteção de Dados Pessoais (LGPD)[3] surge para as organizações a responsabilidade de adotar medidas técnicas e administrativas aptas a proteger os dados pessoais de acessos não autorizados e de situações acidentais ou ilícitas, incluindo destruição, perda, alteração, acesso indevido e qualquer outra forma de tratamento inadequado ou ilícito, nos termos do art. 46 e em atendimento ao art. 6º, VI, da LGPD, que materializa o princípio da segurança.

Compreender sobre gestão "efetiva" de incidentes e estabelecer condições relevantes e apropriadas para garantir a continuidade e a reputação de uma organização perante o mercado que ela representa é

---

[1] Advogado especializado em Direito Empresarial, Direito Digital, Privacidade e Proteção de Dados Pessoais, com certificações CIPM e CDPO/BR. Professor convidado em cursos de pós-graduação em Direito Digital, Proteção de Dados e Inteligência Artificial. Coordenador do curso Privacy Operations na Future Law. Atualmente cursando MBA em Data Science e Analytics na USP/Esalq. Membro da Comissão de Direito Digital da OAB SP, membro da Forbes BLK, Pesquisador no GITEC/FGV-SP e *host* do Flycast.

[2] Sócia da área de Data Privacy e Cybersecurity e Inteligência Artificial no escritório Lima ≡ Feigelson Advogados. Especializada em Processo Civil, Governança em Tecnologia da Informação, Privacidade e Proteção de Dados Pessoais, Regulação e Novas Tecnologias e Direito Digital. CIPM e CDPO/BR pela IAPP, DPO EXIN, Auditora Interna do Sistema de Gestão de Segurança da Informação, Pesquisadora no Ethics4AI, membro da Coalizão Dinâmica sobre Governança de Dados e Inteligência Artificial pela FGVRJ no IGF da ONU, Coordenadora dos Cursos LGPD & Resolução de Conflitos e Privacy Operations na Future Law, Coordenadora da Coluna Regulação e Novas Tecnologias no *JOTA*. Práticas Notáveis em Privacy pela Leaders League 2024, Escritora, Mentora e Palestrante.

[3] BRASIL – Lei n. 13.709, de 14 de agosto de 2018. Lei Geral de Proteção de Dados Pessoais (LGPD). Brasília, DF: Presidência da República, [2020]. Disponível em: https://www.planalto.gov.br/ccivil_03/_ato2019-2022/2020/lei/l14020.htm. Acesso em: 2 jun. 2024.

medida urgente que se impõe. Para tanto, apresentamos que incluir métodos quantitativos e qualitativos nos processos de tratamento de dados pessoais fornece insumos valiosos para garantia da assertividade na tomada de decisões relativas ao programa de privacidade.

1. *PRIVACY OPS* E INCIDENTES DE SEGURANÇA COM DADOS PESSOAIS

Antes de indicarmos os pilares para uma gestão efetiva de incidentes de segurança com dados pessoais, é essencial compreendermos o que é um incidente de segurança. Para fins deste artigo, utilizamos a definição do art. 3º da Resolução CD/ANPD n. 15/2024 da ANPD[4] que conceitua incidente como "**qualquer evento adverso confirmado**, relacionado à violação das propriedades de confidencialidade, integridade, disponibilidade e autenticidade da segurança de dados pessoais".

Em consonância com a conceituação de *Privacy Ops*[5], destacamos que a gestão efetiva de incidentes de segurança com dados pessoais envolve necessariamente os seguintes pilares:

a) estratégias e metas;
b) aprovação da alta gestão;
c) estrutura organizacional;
d) matriz de responsabilidades;
e) riscos envolvidos;
f) roteiro de atuação;
g) níveis de maturidade; e
h) métricas de desempenho.

---

[4] BRASIL – ANPD – Resolução CD/ANPD n. 15, de 24 de abril de 2024. Disponível em: https://www.in.gov.br/en/web/dou/-/resolucao-cd/anpd-n-15-de-24-de-abril-de-2024-556243024. Acesso em: 4 jun. 2024.

[5] FACHINETTI, Aline Fuke; MARQUES, Rafael. Privacy Ops: operacionalizando a governança em proteção de dados. *JOTA*, 27 jun. 2023. Disponível em: https://www.jota.info/opiniao-e--analise/colunas/regulando-a-inovacao/privacy-ops-operacionalizando-a-governanca-em--protecao-de-dados-27062023. Acesso em: 2 jun. 2024. "O tema **Privacy Operations** se refere à sustentação e ao aumento contínuo e estratégico da maturidade dos programas de governança em privacidade e proteção de dados em uma organização, visando – muito além de meramente garantir a conformidade com as leis e regulamentações aplicáveis – traduzir e operacionalizar as melhores práticas no tema, inclusive, atuando como um diferencial de negócio através de mecanismos eficientes e que façam efetivamente parte da esteira de negócio."

Essas diretrizes podem ser estabelecidas a partir de um plano de resposta a incidentes, que deve instruir objetivamente como cada um dos envolvidos deve agir diante de um evento de segurança. Esses planos podem ser modelados com base em padrões e *frameworks*, como **NIST SP 800-61 Rev. 2**, que proporciona um guia para a gestão de incidentes de segurança cibernética[6], e a **ISO/IEC n. 27035**, que oferece um padrão para a gestão de incidentes de segurança da informação[7].

Ainda dentro do contexto de gestão do programa de governança em privacidade, o § 1º do art. 50 da LGPD orienta que os agentes de tratamento estabeleçam regras de boas práticas, remetendo ao princípio da prestação de contas e responsabilização preconizado pelo art. 6º, X, da LGPD, que, em síntese, dispõe sobre a capacidade dos agentes de tratamento em adotar padrões de segurança efetivos, incluindo planos de respostas a incidentes e medidas de remediação, em relação aos dados pessoais que utilizam em cada uma das atividades de tratamento realizadas pelas organizações.

Cumpre esclarecer que, ao gerenciar um incidente, deve-se verificar se o evento deve ser analisado sob a regulamentação da LGPD, pois, apesar de toda violação de dados pessoais ser um incidente de segurança, nem todo incidente de segurança resultará em uma violação de dados pessoais.

Vale ressaltar que esta é uma análise factual que deve ser conduzida dentro do contexto de cada atividade de tratamento de dados pessoais realizada pelas organizações, observando-se inclusive as tecnologias disponíveis à época dos fatos. Por esse motivo, gerir o respectivo incidente dará a capacidade de entender quais os principais desafios e pontos que necessitam de melhorias dentro de cada uma das operações.

Nesse sentido, a gestão de incidentes apenas será "efetiva" se puder ser acompanhada e contar com um fluxo ordenado de ações necessárias em caso de um incidente.

2. ANÁLISE DE RISCO

No âmbito da gestão efetiva de incidentes de segurança com dados pessoais, temos a condição de exposição a risco, que notadamente deve

---

[6] NIST Special Publication 800-61 Revision 2. Disponível em: https://www.nist.gov/privacy-framework/nist-sp-800-61. Acesso em: 2 jun. 2024.

[7] ABNT NBR ISO/IEC 27035-3:2021 – Gestão de incidentes de segurança da informação – Parte 3: Diretrizes para operações de resposta a incidentes de TIC.

ser observada, visto que o dever de comunicar à ANPD e aos titulares envolvidos se dará sempre que envolver dados pessoais e estes percam sua disponibilidade, integridade e confidencialidade e possam acarretar um risco relevante aos titulares.

Nesse contexto, é importante observar que a obrigação de comunicação deve ser cumprida em até três dias úteis, a contar do conhecimento pelo agente de tratamento do respectivo fato, e somente será comunicada se acarretar risco ou dano relevante aos titulares.

Nesse sentido, o art. 5º da Resolução CD/ANPD n. 15/2024 da ANPD dispõe que o incidente de segurança pode acarretar risco ou dano relevante aos titulares quando puder afetar significativamente interesses e direitos fundamentais dos titulares e, cumulativamente, envolver, pelo menos, um dos seguintes critérios:

i) Dados pessoais sensíveis;
ii) Dados de crianças, adolescentes ou idosos;
iii) Dados financeiros;
iv) Dados de autenticação em sistemas;
v) Dados protegidos por sigilo legal, judicial ou profissional; ou
vi) Dados em larga escala.

Vale ressaltar que caso o Controlador não detenha a integralidade das informações relacionadas ao incidente, poderá realizar uma comunicação preliminar e complementar as informações de maneira fundamentada no prazo de 20 dias úteis, a contar da data da comunicação à ANPD.

Importante observar que o Controlador deverá manter os registros de incidentes de segurança, inclusive daqueles que não foram comunicados à ANPD e aos titulares, pelo prazo mínimo de cinco anos, contados a partir da data do registro, conforme se observa no art. 10 da Resolução CD/ANPD n. 15/2024 DA ANPD. Esse registro deverá conter no mínimo os seguintes pontos:

I – a data de conhecimento do incidente;

II – a descrição geral das circunstâncias em que o incidente ocorreu;

III – a natureza e a categoria de dados afetados;

IV – o número de titulares afetados;

V – a avaliação do risco e os possíveis danos aos titulares;

VI – as medidas de correção e mitigação dos efeitos do incidente, quando aplicável;

VII – a forma e o conteúdo da comunicação, se o incidente tiver sido comunicado à ANPD e aos titulares; e

VIII – os motivos da ausência de comunicação, quando for o caso.

Além do descrito acima, metodologias que podem apoiar nesta construção de matriz de riscos, tal como a desenvolvida pela ENISA, uma instituição referência em relação a estas iniciativas, a qual torna a análise de impacto de incidente objetiva, demonstrando critérios para obtenção de um *score* matemático que aponte a criticidade do incidente. Em síntese, a metodologia demonstra os seguintes critérios[8]: a metodologia da ENISA para avaliação da severidade de violações de dados pessoais pode ser usada para mensurar riscos, seguindo os critérios de[9]:

1) **Contexto do Processamento de Dados (DPC):** avaliar o tipo de dados violados e fatores contextuais relevantes;
2) **Facilidade de Identificação (EI):** determinar quão facilmente a identidade dos indivíduos pode ser deduzida dos dados violados;
3) **Circunstâncias da Violação (CB):** considerar fatores específicos do incidente, como a perda de confidencialidade, integridade e disponibilidade, e a presença de intenção maliciosa.

A fórmula para cálculo da severidade é: **SE = DPC × EI + CB**.

A pontuação final pode ser classificada conforme a tabela a seguir:

SCORE DE SEVERIDADE (SE)	NÍVEL DE SEVERIDADE	DESCRIÇÃO
< 2	Baixo	Impacto mínimo sobre os titulares.
2 ≤ SE < 3	Médio	Impacto notável que pode causar desconforto ou inconveniência.
3 ≤ SE < 4	Alto	Impacto significativo que pode causar danos reais aos direitos e liberdades dos titulares.
≥ 4	Muito Alto	Impacto severo que pode levar a consequências graves e duradouras para os titulares.

---

[8] PALHARES, Felipe; PRADO, Luis Fernando; VIDIGAL, Paulo. *Compliance Digital e LGPD*. São Paulo: Thomson Reuters, Brasil, 2021, p. 248.

[9] Recommendations for a methodology of the assessment of severity of personal data breaches. Disponível em: https://www.enisa.europa.eu/publications/dbn-severity. Acesso em: 2 jun. 2024.

Essa metodologia ajuda na avaliação contextual, facilidade de identificação e apuração das circunstâncias, resultando em um *score* final e nível de risco para orientar as ações de resposta apropriadas.

4) Gestão de risco de incidentes.

A gestão de risco de um incidente de segurança que envolva dados pessoais deve garantir a identificação, proteção, detecção, resposta e recuperação. Para destacar um formato ordenado dessas atividades, sugere-se que a gestão de incidentes que envolva dados pessoais possua, no mínimo, os seguintes passos:

Ciclo gestão de incidentes

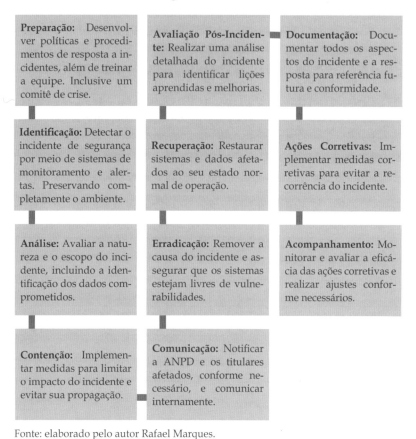

Fonte: elaborado pelo autor Rafael Marques.

Vale destacar que a capacidade da organização em "erradicar" e "recuperar" o respectivo ambiente demonstrará a maturidade e resiliência desta organização em manter seus processos de tratamento de dados pessoais operantes e funcionais, e, sobretudo, seguros.

A gestão efetiva de incidentes que resultem em uma violação de dados pessoais está diretamente ligada à capacidade de planejar e se preparar para a atuação frente a tais situações, bem como ter a capacidade de detectá-las e avaliá-las do ponto de vista do programa de governança em privacidade e proteção dos dados pessoais. Sendo possível, inclusive, determinar a gravidade, os riscos envolvidos e a efetiva necessidade de comunicação às autoridades competentes e aos titulares dos dados pessoais envolvidos.

Além disso, é crucial definir quais ações devem ser observadas para efetivamente responder ao incidente e quais metodologias serão utilizadas, visto que, no momento de uma situação adversa, nem sempre haverá tempo para determinar tais fatores e definir os papéis e responsabilidades. Além disso, é necessário avaliar os principais impactos daquela situação. Superada essa análise, a gestão efetiva de incidentes de segurança com dados pessoais pode ser ordenada por meio dos seguintes indicadores específicos:

a) **Tempo de Detecção (MTTD – *Mean Time to Detect*):** tempo médio necessário para detectar um incidente;
b) **Tempo de Resposta (MTTR – *Mean Time to Respond*):** tempo médio para responder a um incidente após sua detecção;
c) **Número de Incidentes por Categoria:** classificação dos incidentes por tipo, como *malware*, *phishing*, acesso não autorizado etc.;
d) **Gravidade dos Incidentes:** avaliação da gravidade dos incidentes com base no impacto potencial e real;
e) **Tempo de Recuperação (MTTR – *Mean Time to Recover*):** tempo médio necessário para restaurar as operações normais após um incidente;
f) **Número de Incidentes Relatados à ANPD:** quantidade de incidentes que exigiram notificação à Autoridade Nacional de Proteção de Dados (ANPD);
g) **Custo de Incidentes:** estimativa dos custos financeiros diretos e indiretos associados a cada incidente;
h) **Eficácia das Medidas de Contenção:** avaliação da eficácia das ações de contenção implementadas durante um incidente;

i) **Lições Aprendidas Implementadas:** número de lições aprendidas durante incidentes anteriores que foram implementadas em políticas e procedimentos futuros;

j) **Taxa de Recorrência de Incidentes:** frequência com que tipos específicos de incidentes se repetem ao longo do tempo.

Esses indicadores fornecem uma visão abrangente e quantitativa da eficácia da gestão de incidentes, ajudando a identificar áreas para melhorias contínuas. A aplicação desses indicadores dentro do *framework* do *Privacy Ops* permite uma abordagem estruturada e eficaz para garantir a segurança e a privacidade dos dados pessoais.

Todos esses pontos devem necessariamente constar de um plano de resposta a incidentes, que deve ser apresentado aos envolvidos nos processos de tratamento de dados pessoais. A comunicação efetiva e o conhecimento desses eventos exigem o conhecimento inicial do respectivo incidente de segurança, sendo que a clareza quanto às atividades e decisões a serem realizadas auxilia na agilidade da comunicação e no cumprimento do disposto no art. 50, § 2º, I, *g*, da LGPD, como parte do programa de governança. Atribuir essas métricas e o monitoramento contínuo do respectivo plano de resposta a incidentes possibilitará descrever o nível de maturidade da organização envolvida. Tal plano, bem definido e apresentado, contribuirá significativamente para a gestão efetiva de um incidente de segurança que resulte na violação de dados pessoais.

Vale destacar que essas ações serão aplicáveis aos agentes de tratamento, observando especificamente o dever de comunicação, que geralmente partirá do Controlador. No entanto, para os casos em que os operadores enfrentarem eventos adversos que resultem na violação de dados pessoais, estes devem seguir as instruções recebidas do Controlador, que, nesse caso, deverá determinar qual será o prazo razoável para ser comunicado frente a tais situações, conforme destaca o art. 39 da LGPD.

Por fim, a colaboração entre Controladores e operadores, respeitando os prazos e procedimentos estabelecidos, é essencial para a eficácia desse processo, garantindo que todos os envolvidos estejam alinhados e preparados para enfrentar qualquer incidente de segurança. Assim, a organização se posiciona de maneira proativa e responsável, promovendo a confiança e a segurança no tratamento de dados pessoais. Pode-se dizer que a clareza nas responsabilidades e a rápida tomada de decisão são cruciais para minimizar os impactos de uma violação e assegurar a comunicação adequada às autoridades competentes e aos titulares de dados.

CONCLUSÃO

Com base em tudo que foi descrito, a gestão efetiva de incidentes de segurança com dados pessoais é uma prática fundamental para garantir a conformidade regulatória com a LGPD, bem como proporcionar uma vantagem competitiva significativa. Sobretudo, tais situações devem observar um plano efetivo de resposta a incidentes, que inclua métodos quantitativos e qualitativos, assegurando a assertividade das organizações nas tomadas de decisões relativas ao programa de privacidade.

Esses planos de resposta devem ser bem estruturados, claramente comunicados e continuamente monitorados, permitindo que as organizações identifiquem e mitiguem riscos de forma eficiente. Além disso, a colaboração entre Controladores e Operadores, com responsabilidades bem definidas e uma rápida tomada de decisão, é essencial para minimizar os impactos de qualquer violação de dados. Ao adotar essas práticas, as organizações não apenas cumprem com as exigências legais, mas também fortalecem sua reputação e a confiança dos clientes, promovendo um ambiente seguro e confiável para o tratamento de dados pessoais.

REFERÊNCIAS

BRASIL – ANPD – Resolução CD/ANPD n. 15, de 24 de abril de 2024. Disponível em: https://www.in.gov.br/en/web/dou/-/resolucao-cd/anpd-n-15-de-24-de-abril-de-2024-556243024. Acesso em: 4 jun. 2024.

FACHINETTI, Aline Fuke; MARQUES, Rafael. Privacy Ops: operacionalizando a governança em proteção de dados. *JOTA*, 27 jun. 2023. Disponível em: https://www.jota.info/opiniao-e-analise/colunas/regulando-a-inovacao/privacy-ops-operacionalizando-a-governanca-em-protecao-de-dados-27062023. Acesso em: 2 jun. 2024.

INTERNATIONAL ORGANIZATION FOR STANDARDIZATION. ISO/IEC 27035-1:2023 Information technology – Information security incident management – Part 1: Principles and process. Disponível em: https://standards.iteh.ai/catalog/standards/sist/072431a8-

239f-498d-bf1d-c86027603a52/iso-iec-27035-1-2023. Acesso em: 2 jun. 2024.

NATIONAL INSTITUTE OF STANDARDS AND TECHNOLOGY. NIST Special Publication 800-61 Revision 2: Computer Security Incident Handling Guide. Disponível em: https://nvlpubs.nist.gov/nistpubs/SpecialPublications/NIST.SP.800-61r2.pdf. Acesso em: 2 jun. 2024.

PALHARES, Felipe; PRADO, Luis Fernando; VIDIGAL, Paulo. *Compliance Digital e LGPD*. São Paulo: Thomson Reuters, Brasil, 2021.

Recommendations for a methodology of the assessment of severity of personal data breaches. Disponível em: https://www.enisa.europa.eu/publications/dbn-severity. Acesso em: 2 jun. 2024.

CAPÍTULO 12
Gestão de aderência e interface entre *DPOs* e *CISOs*: sinergia nas áreas de privacidade e segurança da informação na prática

Leandro Antunes[1]
Rodolfo Avelino[2]

INTRODUÇÃO

No atual cenário de ameaças cibernéticas e regulamentações rigorosas, a integração eficiente e eficaz entre as funções do *Data Protection Officer* (DPO) e do *Chief Information Security Officer* (CISO) tornou-se crucial. A colaboração entre esses dois papéis é fundamental para assegurar que as organizações não apenas cumpram as exigências legais, mas também estabeleçam uma postura de segurança robusta e adaptativa. Nesse contexto, exploraremos as melhores práticas e *frameworks*

---

[1] Mentor, advogado, empresário e palestrante com vasta experiência e formação de excelência. Graduado em Direito com especialização em Direito Econômico pela USP, possui pós-graduação em Gestão de Projetos também pela USP, além de um MBA em Gestão Empresarial pela Legale e especialização em Meios de Pagamento e Mercado Financeiro pelo Mackenzie. Detentor de uma série de certificações internacionais, incluindo CIPM e CDPO pela IAPP, DPO e CISO pela EXIN, e Leader Implementer pela ABNT ISO-IEC 27001 e 27701, além de expertise em IA Generativa. Como deficiente visual, a determinação e superação diária têm sido suas forças motrizes para se destacar na Cibersegurança e Proteção Digital de Negócios, com especialização pela FIA e Legale. Atualmente, é Diretor de Diversidade e Inclusão na ISACA São Paulo, onde trabalha incansavelmente para promover práticas inclusivas e equitativas no setor de tecnologia e segurança da informação.

[2] Professor do Insper, doutor pelo programa de Ciências Humanas e Sociais da Universidade Federal do ABC, Mestre no programa interdisciplinar em TV digital pela Universidade Estadual Paulista (UNESP). Membro eleito como conselheiro no Comitê Gestor da Internet no Brasil (CGI.br). É pesquisador e contribuiu para a criação do Laboratório de Tecnologias Livres (LABLivre) na Universidade Federal do ABC. Possui experiência de mais de 28 anos na área de Tecnologia da Informação e cibersegurança. É autor do livro Colonialismo Digital: Tecnologias de rastreamento e a economia informacional. Atua no Coletivo Digital em projetos relacionados a cultura e tecnologias livres.

relevantes, como o NIST Cybersecurity Framework[3], o NIST Privacy Framework[4], e os CIS Controls[5], além da Lei Geral de Proteção de Dados Pessoais (LGPD)[6], a Política Nacional de Cibersegurança (PNCiber)[7] e a Política de Segurança da Informação (PSI), para auxiliar na implementação de um plano de ação abrangente.

Vivemos em uma era digital em que a segurança e a privacidade dos dados são de importância primordial. Nesse cenário, o *DPO* e o *CISO* desempenham papéis complementares essenciais. O *DPO* é responsável por garantir a conformidade com as legislações de proteção de dados, como a LGPD, e promover a conscientização e a formação contínua dos funcionários sobre questões de privacidade. O *CISO*, por sua vez, é encarregado de proteger os sistemas de informação contra ameaças cibernéticas, implementando e gerenciando estratégias de segurança, monitorando e respondendo a incidentes de segurança e realizando avaliações de risco e vulnerabilidade.

1. RESPONSABILIDADES E FUNÇÕES DO *DPO* E *CISO* NA PROTEÇÃO DE DADOS E SEGURANÇA DA INFORMAÇÃO

O *DPO* desempenha um papel crucial em promover a proteção de dados e orientar o agente de tratamento a respeito das práticas a serem tomadas em prol do cumprimento legal[8]. Suas principais responsabilidades

---

[3] NATIONAL INSTITUTE OF STANDARDS AND TECHNOLOGY (NIST). Cybersecurity Framework. Disponível em: https://www.nist.gov/cyberframework. Acesso em: 4 ago. 2024.

[4] NATIONAL INSTITUTE OF STANDARDS AND TECHNOLOGY (NIST). Privacy Framework. Disponível em: https://www.nist.gov/privacy-framework. Acesso em: 4 ago. 2024.

[5] CENTER FOR INTERNET SECURITY (CIS). CIS Controls. Disponível em: https://www.cisecurity.org/controls/. Acesso em: 4 ago. 2024.

[6] BRASIL. Lei n. 13.709, de 14 de agosto de 2018. Dispõe sobre a proteção de dados pessoais. *Diário Oficial da União*, Brasília, DF, 15 ago. 2018. Disponível em: http://www.planalto.gov.br/ccivil_03/_ato2015-2018/2018/lei/L13709.htm. Acesso em: 4 ago. 2024.

[7] BRASIL. Decreto n. 11.856, de 26 de dezembro de 2023. Institui a Política Nacional de Cibersegurança. *Diário Oficial da União*, Brasília, DF, 26 dez. 2023. Disponível em: https://www.in.gov.br/en/web/dou/-/decreto-n-11.856-de-26-de-dezembro-de-2023. Acesso em: 4 ago. 2024.

[8] BRASIL. Ministério da Justiça e Segurança Pública. Autoridade Nacional de Proteção de Dados. Conselho Diretor. Resolução CD/ANPD n. 18, de 16 de julho de 2024. *Diário Oficial da União*: seção 1, Brasília, DF, 17 jul. 2024, Edição 136, p. 42. Disponível em: https://www.in.gov.br/en/web/dou/-/resolucao-cd/anpd-n-18-de-16-de-julho-de-2024-572632074. Acesso em: 4 ago. 2024.

incluem prestar assistência e orientar o agente de tratamento, em prol da conformidade com as legislações de proteção de dados, promovendo orientações a respeito das práticas adequadas de proteção de dados e executando ações específicas alinhadas à LGPD e sua regulamentação. Além disso, o *DPO* orienta a elaboração, definição e implementação de diversos documentos e processos internos, como o relatório de impacto à proteção de dados e outros que viabilizem minimizar os riscos associados ao tratamento de dados pessoais.

Por outro lado, o *CISO* é responsável por promover a proteção de sistemas de informação da organização contra ameaças cibernéticas. Suas funções incluem o desenvolvimento e implementação de políticas, procedimentos e estratégias abrangentes de segurança da informação para proteger os ativos digitais da organização. O *CISO* supervisiona a detecção e a resposta a incidentes de segurança cibernética, garantindo que as ameaças sejam rapidamente identificadas e mitigadas. Além disso, ele realiza avaliações periódicas de risco e vulnerabilidade para identificar pontos fracos na infraestrutura de segurança e implementar medidas corretivas para fortalecer a segurança geral da organização.

1.1. Abordagem integrada para *DPO* e *CISO*: plano de ação

Para integrar efetivamente os esforços do *DPO* e do *CISO*, é essencial seguir um plano de ação estruturado que compreenda diversas etapas:

- **Avaliação e planejamento inicial:** realizar uma avaliação integrada de riscos que aborde tanto aspectos de privacidade quanto de segurança é o primeiro passo essencial. Mapear todas as necessidades de conformidade é fundamental para identificar vulnerabilidades e desenvolver estratégias eficazes para mitigá-las.
- **Implementação:** a implementação envolve treinamento e conscientização dos funcionários sobre privacidade e segurança específicos para cada função, garantindo que estejam bem-informados e preparados, pois são a primeira linha de defesa. Além disso, é crucial desenvolver políticas que integrem privacidade e segurança, documentando de maneira clara as diretrizes para que todos saibam o que, como, quando e por que devem realizar determinadas ações.

- **Monitoramento e auditoria:** monitorar continuamente os sistemas e realizar auditorias periódicas é essencial para garantir que tudo esteja funcionando conforme planejado e em conformidade com as leis. O desenvolvimento de processos de monitoramento contínuo ajuda na detecção de incidentes e na manutenção da conformidade com *frameworks* como NIST e CIS Controls.

- **Resposta e mitigação:** desenvolver um plano de resposta a incidentes que aborde tanto aspectos de privacidade quanto de segurança é vital para estar preparado para agir rapidamente em caso de problema. Uma comunicação clara com as partes interessadas internas e externas facilita a gestão de crises.

- **Melhoria contínua:** revisar e melhorar regularmente as políticas e processos é necessário para se adaptar a novos desafios e garantir a máxima proteção possível. Um *feedback loop* entre o DPO e o CISO permite ajustar estratégias conforme necessário.

1.2. Tarefas relevantes

- Avaliação conjunta de riscos: *DPO* e *CISO* devem trabalhar juntos para identificar riscos, integrando a avaliação de riscos de privacidade e segurança.

- Treinamento de funcionários: garantir que todos os funcionários sejam treinados sobre privacidade e segurança.

- Políticas integradas: criar e documentar políticas que cubram tanto a segurança quanto a privacidade.

- Plano de resposta a incidentes: desenvolver e implementar um plano de resposta a incidentes integrados, estando preparado para agir rapidamente em caso de problema.

Essa proposta de plano de ação estruturado não só facilita a implementação de medidas eficazes de segurança e privacidade, mas também promove uma cultura organizacional de conscientização e responsabilidade em relação à proteção de dados e à segurança da informação.

2. CONFORMIDADE E MELHORES PRÁTICAS EM SEGURANÇA CIBERNÉTICA: INTEGRANDO REGULAMENTOS E *FRAMEWORKS*

A regulamentação e os *frameworks* de segurança da informação desempenham papéis distintos, porém complementares, na proteção cibernética das organizações. Um regulamento é um conjunto de diretrizes de segurança estabelecidas pelo governo, cuja conformidade é obrigatória para que uma organização eleve seus padrões de segurança cibernética. Por outro lado, *frameworks* e melhores práticas de segurança da informação fornecem um conjunto de orientações que auxiliam as organizações a aprimorarem sua postura de segurança de maneira flexível e adaptativa, permitindo a implementação de controles eficazes e alinhados às necessidades específicas do negócio.

Além disso, há uma vasta diversidade de normas, *frameworks* e guias disponíveis no mercado sobre o tema. Esses modelos e orientações abrangem desde opções mais gerais, com controles e medidas aplicáveis a qualquer negócio, até aqueles mais específicos, que consideram os detalhes das normas vigentes em um país específico. Em ambos os casos, é necessário adaptar essas orientações à realidade de quem as adota.

Algumas estruturas de cibersegurança contêm controles que correspondem aos requisitos de segurança de uma regulamentação específica. A conformidade com regulamentos como a LGPD é essencial para preencher lacunas de privacidade e segurança da informação.

Além disso, *frameworks* e melhores práticas de segurança da informação, como aqueles desenvolvidos pelo CIS, NIST, ISO/IEC e ABNT NBR, podem ser utilizados para fortalecer a postura de segurança das organizações. Por exemplo, a implementação do *framework* ISO/IEC 27001 pode ajudar as organizações brasileiras a alcançarem a conformidade com a LGPD, pois este *framework* oferece uma abordagem estruturada para a gestão de informações sensíveis e proteção de dados.

Da mesma forma, a adoção dos controles do CIS pode auxiliar na conformidade com requisitos específicos da LGPD, proporcionando práticas recomendadas para a proteção de dados e a mitigação de riscos. Além disso, o NIST CSF pode ser adaptado para atender a regulamentações locais, fornecendo uma base sólida para a implementação de controles de segurança eficazes. Esses exemplos demonstram como *frameworks* bem estabelecidos podem ser utilizados para atender a regulamentações específicas e fortalecer a segurança da informação no Brasil.

FRAMEWORK / PADRÃO DE REFERÊNCIA	FOCO	PRINCIPAIS FUNÇÕES	IMPLEMENTAÇÃO	BENEFÍCIOS
NIST Cybersecurity Framework	Segurança da informação.	Identificar, Proteger, Detectar, Responder, Recuperar.	Integração das funções nas operações diárias de TI e segurança.	Ajuda a criar um sistema de segurança robusto.
NIST Privacy Framework	Privacidade dos dados.	Identificar, Governar, Controlar, Comunicar, Proteger.	Foco em incorporar a privacidade nas fases iniciais de desenvolvimento e operação dos sistemas.	Ajuda a incorporar privacidade em todas as etapas do ciclo de vida dos dados.
CIS Controls	Proteção contra ameaças e vulnerabilidades cibernéticas.	Fornece um conjunto de práticas recomendadas para defender sistemas e redes. Prioriza controles em categorias como inventário e controle de *hardware*, gestão de vulnerabilidades e resposta a incidentes.	Pode ser aplicado em várias etapas, começando com os controles mais críticos. Envolve a implementação de controles técnicos e processuais em uma ordem sugerida para máxima eficácia.	Melhora a postura de segurança cibernética. Reduz o risco de ataques e violações. Oferece uma abordagem prática e priorizada para a proteção cibernética.
ISO/IEC 27001	Sistema de gestão de segurança da informação (SGSI) e proteção de informações sensíveis.	Estabelece requisitos para a criação, implementação, manutenção e melhoria contínua do SGSI. Inclui controles de segurança abrangentes e processos para gestão de riscos.	Envolve a realização de uma análise de riscos, definição de políticas de segurança e implementação de controles específicos. Requer auditorias e avaliações contínuas para garantir conformidade e eficácia.	Proporciona uma abordagem estruturada e documentada para a segurança da informação. Aumenta a confiança dos *stakeholders* e a conformidade com regulamentações. Melhora a capacidade de resposta a incidentes e a proteção contra ameaças.

3. GOVERNANÇA E SISTEMAS DE INFORMAÇÃO NA NOVA POLÍTICA NACIONAL DE CIBERSEGURANÇA

O Decreto n. 11.856/2023, promulgado em 26 de dezembro de 2023, estabelece a Política Nacional de Cibersegurança (PNCiber), elaborada pelo Gabinete de Segurança Institucional da Presidência da República (GSI/PR). Esta normativa visa atender a um conjunto de demandas identificadas por diversas instituições e especialistas em cibersegurança, com o propósito de aprimorar a governança nacional nesta área.

Em concomitância com a política, foi criado o Comitê Nacional de Cibersegurança (CNCiber), composto por representantes do governo, da sociedade civil, de instituições científicas e do setor empresarial. A primeira reunião do CNCiber ocorreu em março de 2024, e, neste encontro inaugural, foram estabelecidos o Regimento Interno, a criação de Grupos de Trabalho Temático (GTT) para a atualização da Estratégia Nacional de Cibersegurança (e-Ciber), a proposição de um órgão de governança dedicado à cibersegurança no Brasil e a definição de parâmetros para a atuação internacional do país em segurança cibernética.

O primeiro grupo de trabalho focará em medidas para aprimorar a Estratégia Nacional de Cibersegurança, a e-Ciber, de 2020. A versão original dessa estratégia carece de uma política orientadora e já estava desalinhada com as abordagens de outros países, que priorizam aspectos operacionais e incluem indicadores para o monitoramento da evolução no campo da cibersegurança.

O segundo grupo de trabalho concentrar-se-á na proposta de criação de um órgão de governança da cibersegurança nacional, encarregado de sua regulação, fiscalização e controle. De acordo com o ministro Amaro, "esse órgão deve ter a capacidade de lidar com a evolução de tecnologias emergentes e disruptivas, como a inteligência artificial".

O terceiro grupo de trabalho será responsável por coordenar as representações brasileiras em organismos internacionais sobre cibersegurança, com o objetivo de consolidar uma posição nacional coerente e consistente.

O CNCiber, que se reunirá trimestralmente, terá como missão propor atualizações para a PNCiber e sugerir estratégias de cooperação técnica internacional.

O Decreto n. 11.856/2023 e as iniciativas subsequentes, como a criação do Comitê Nacional de Cibersegurança (CNCiber) e a atualização da Estratégia Nacional de Cibersegurança (e-Ciber), oferecem uma série de contribuições significativas para os papéis de *Data Protection Officer* (DPO) e *Chief Information Security Officer* (CISO). Esses profissionais, responsáveis pela proteção de dados e pela segurança da informação nas organizações, podem encontrar no novo marco regulatório e nas políticas associadas uma base robusta para aprimorar suas práticas e estratégias.

4. GANHOS DA ADERÊNCIA E INTERFACE ENTRE *DPO* E *CISO*

A integração efetiva entre *DPO* e *CISO* traz inúmeros benefícios para as organizações. Primeiramente, garante a conformidade com regulamentações de privacidade e segurança, evitando multas e sancionamentos. Em segundo lugar, fortalece a cultura organizacional em relação à proteção dos dados, sensibilizando todos os funcionários sobre a importância dessas práticas. Além disso, a colaboração estreita entre essas duas áreas permite uma resposta mais rápida e coordenada aos incidentes, minimizando o impacto dos ataques cibernéticos. Finalmente, empresas que demonstram um forte compromisso com privacidade e segurança ganham a confiança de clientes e parceiros, resultando em vantagens competitivas significativas no mercado.

CONCLUSÃO

A colaboração entre o *Data Protection Officer* (DPO) e o *Chief Information Security Officer* (CISO) é essencial para assegurar que uma organização esteja protegida contra ameaças cibernéticas e, ao mesmo tempo, em conformidade com as legislações de privacidade. A adesão a *frameworks* amplamente reconhecidos, como os do NIST e do CIS, combinada com o cumprimento da Lei Geral de Proteção de Dados (LGPD), permite às organizações não apenas proteger seus dados, mas também manter a confiança de clientes e parceiros, garantindo a conformidade regulatória.

O Decreto n. 11.856/2023, juntamente com as iniciativas associadas, marca um avanço significativo na governança e na estratégia de cibersegurança no Brasil. Para *DPOs* e *CISOs*, essas diretrizes oferecem ferramentas essenciais para aprimorar a proteção de dados e a segurança da informação. Elas asseguram que as organizações estejam alinhadas com as expectativas e regulamentações tanto nacionais quanto internacionais. A integração dessas melhores práticas fortalece a postura de segurança e promove uma abordagem adaptativa e eficaz em resposta aos desafios emergentes no campo da cibersegurança.

REFERÊNCIAS

CENTER FOR INTERNET SECURITY (CIS). CIS Controls. Disponível em: https://www.cisecurity.org/controls/. Acesso em: 4 ago. 2024.

NATIONAL INSTITUTE OF STANDARDS AND TECHNOLOGY (NIST). Cybersecurity Framework. Disponível em: https://www.nist.gov/cyberframework. Acesso em: 4 ago. 2024.

NATIONAL INSTITUTE OF STANDARDS AND TECHNOLOGY (NIST). Privacy Framework. Disponível em: https://www.nist.gov/privacy-framework. Acesso em: 4 ago. 2024.

CAPÍTULO 13
Frameworks de transparência e aplicação de *Legal Design*

Tiago Neves Furtado[1]
Fellipe Branco[2]

INTRODUÇÃO

A Lei Geral de Proteção de Dados (LGPD) adota um modelo de regulação baseado em riscos. Isso significa que nem sempre a lei determina de forma rígida o que deve ser feito pelos agentes de tratamento (pessoas ou empresas que tratam dados pessoais). Em vez disso, a LGPD exige que os agentes avaliem os riscos de suas atividades para os titulares dos dados e tomem medidas para mitigá-los.

Para orientar essa avaliação de riscos, a LGPD define uma série de princípios, incluindo o da transparência, que garante aos titulares de dados acesso a informações claras, precisas e facilmente acessíveis sobre o tratamento de seus dados.

O *Legal Design*, por outro lado, demonstra um potencial enorme para análise e criação de um *Framework* que seja não somente eficaz e transparente, mas também com foco em todos os *stakeholders* que sejam impactados por isto. Mas como garantir que a comunicação seja realmente eficaz e que as informações sejam compreensíveis por todos?

---

[1] Advogado gestor do time de Proteção de Dados e Inteligência Artificial, e Resposta a Incidente de Segurança e Cibersegurança do Opice Blum Advogados. Fellow of Information Privacy pela IAPP – International Association of Privacy Professionals. Professor convidado da Universidade de Fortaleza – UNIFOR e da Escola Paulista de Direito – EPD de cursos sobre Privacidade e Proteção de Dados.

[2] CEO da Quark Legal Designer e Designer formado em 2006, atuando em diversos projetos corporativos (Firjan, Fecomércio, Vale) e da indústria cultural (Universal Music, Festival Tim Music, Mimo Festival, SambaBook, Martinho da Vila). Coautor do artigo "Legal Customer Experience" no livro *Legal Design*. Professor e Consultor de Visual Law da Future Law. Professor convidado do Ibmec e de cursos sobre Legal Design e Visual Law na ESPM.

A falta de informações pode prejudicar a transparência, mas um excesso de informações complexas também pode dificultar a compreensão do titular. A comunicação necessita ser precisa, sem usar termos técnicos ou jurídicos que podem gerar confusão. É fundamental adaptar a linguagem ao público-alvo, buscando a clareza e a objetividade. Junto a isso, é fundamental que todos os pontos de contatos entre todas as partes sejam analisados e mapeados para que o *framework* funcione da melhor maneira possível.

Uma comunicação eficaz demanda que o agente de tratamento informe tudo o que é necessário. Além do conteúdo, a definição do momento e a forma correta da experiência do usuário com o agente de tratamento são fundamentais. A comunicação faz parte da jornada do titular dos dados, e cada etapa desse processo precisa ser transparente e fácil de entender.

Nesse contexto, então, deve ser feito para garantir que a transparência atenda a esses requisitos e gerar evidências de que ela é eficaz? Essa é a pergunta que este artigo pretende responder.

1. MONTANDO O SEU PRÓPRIO *FRAMEWORK* DE TRANSPARÊNCIA

Um *framework* de transparência é um conjunto de diretrizes, modelos, ferramentas, leis e padrões que visam promover a transparência em diferentes contextos. Montar um *framework* vai ajudar ao Encarregado identificar: o conteúdo, o canal, o momento, e como uma informação deve ser disponibilizada para o titular de dados. Também vai ajudar na criação de métricas e metas para gerir e gerar evidências de que a empresa está sendo transparente.

Essas informações estarão espalhadas em legislações, posicionamentos de autoridades regulatórias, padrões internacionais, dentre outras. Abaixo, listamos algumas dessas fontes que podem ajudar na montagem do *framework*.

a) **LGPD:** identificar as obrigações que estão na LGPD relacionadas a transparência. Exemplos: arts. 6º, IV, e 9º da LGPD;

b) **ANPD:** levantar os pronunciamentos da ANPD sobre transparência. Exemplos: Nota Técnica n. 49/2022 – WhatsApp; Nota Técnica n. 6/2023 – Indústria farmacêutica; Nota Técnica n. 63/2022/CGF/ANPD – Guia orientativo de *cookies* e proteção de dados pessoais; dentre outros;

c) **Autoridades regulatórias:** se a empresa exercer uma atividade regulada, verificar se há obrigações específicas que tratem do tema. Exemplos: BACEN, ANATEL, SUSEP etc.;

d) **Outras leis aplicáveis:** analisar se há titulares cuja relação também demanda atenção a legislação específica, como, por exemplo, legislação do consumidor, trabalhista, criança e adolescente etc. Exemplos: CLT, Código do Consumidor, Lei n. 10.098/2000, Estatuto da Criança e do Adolescente;

e) **Padrões e boas práticas internacionalmente aceitos:** avaliar os padrões internacionais de boas práticas e identificar os pontos de controles e sugestões de boas práticas. Exemplo: ISO/IEC 29184; e

f) **Direito comparado:** avaliar o posicionamento de autoridades de proteção de dados estrangeiras sobre transparência, especialmente quando forem bastante similares a nossa. Exemplos: *Guidelines on transparency under Regulation 2016/679 do EDPB*; *Guidelines 3/2022 on Dark patterns in social media platform interfaces: How to recognise and avoid them*, dentre outros.

Uma vez levantada as informações para garantia da transparência, o encarregado não deve cair na tentação de achar que tem um *checklist* e que agora basta verificar o que está ou não sendo atendido.

Nossa proposta é que o Encarregado entenda a jornada do titular na utilização de um serviço ou produto, para entender qual a forma mais eficaz de entregar a informação.

1.1. O conteúdo da comunicação

O *framework* será muito importante para definição do conteúdo da comunicação. Por exemplo, o art. 9º da LGPD estabelece o conteúdo mínimo que deve constar nos avisos de privacidades. Contudo, também é preciso analisar as demais legislações aplicáveis sobre o tema, de modo a identificar se alguma outra informação deve constar na comunicação. Nesse sentido, o *framework* vai ajudar na identificação do que deve ser informado ao titular de dados.

Todavia, não basta só saber o que deve ser dito. O canal de comunicação e o momento da jornada (*timing*) podem exigir formas diferentes de comunicação, conforme demonstrado a seguir.

Capítulo 13 • *Frameworks* de transparência e aplicação de *Legal Design*   129

1.2. Identificação do canal de comunicação

O encarregado deve mapear os pontos de interação com o titular de dados, tais como: pontos de coleta das informações, interação por e-mail, suporte ao consumidor, *chat* de atendimento, interação por funcionalidades de um aplicativo etc.

Esses pontos de interação podem ser chamados de "Canais", e divididos da seguinte maneira:

- Primário – canais em que a primeira interação acontece e/ou os avisos de privacidade são disponibilizados quando o dado é coletado do titular de dados;
- Secundário – outro canal que não seja aquele em que a informação foi coletada ou onde a primeira interação aconteceu (p. ex.: por e-mail); e
- Público – canal disponibilizado para o público e não para um titular específico (p. ex.: navegação em *website*).

Cada canal vai demandar um tipo de comunicação diferente, adaptado àquele momento. Por exemplo, se a informação é disponibilizada quando um titular interage com uma aplicação, por meio de um formulário, e outra quando ele recebe um e-mail.

Exemplo:

a) canal primário

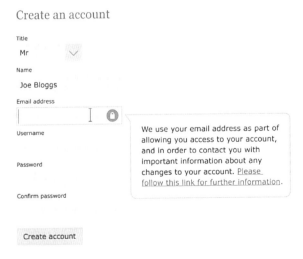

b) canal secundário

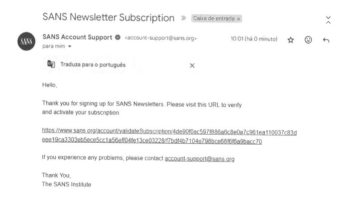

Nessa jornada é possível usar mais de um canal de comunicação para a mesma atividade de tratamento, pois o objetivo é disponibilizar a informação de maneira eficaz durante toda a jornada do titular de dados.

1.3. Identificando o *timing* da comunicação

Após a definição do conteúdo e do canal, outro fator importante é identificar o "*timing* da comunicação", isto é, o momento ideal para enviar mensagens ou disponibilizar informações ao titular de dados.

Propomos avaliar o *timing* a partir das seguintes perspectivas:

- *set-up*: momento da configuração e escolha de preferências de um produto ou serviço;
- *just in time*: o momento em que a informação está sendo coletada (p. ex.: um formulário);
- adaptada/ajustada ao contexto: momento em que se entende a interação do usuário, por exemplo, avisos na primeira vez que usa uma aplicação, ou quando o titular faz uso diário;
- periodicamente: quando há atividades de tratamento de dados constantemente ocorrendo, quando, por exemplo, uma funcionalidade aciona o GPS de um aplicativo, ou quando um *Smart Watch* mede os batimentos cardíacos de um titular de dados (p. ex.: ícones indicando que o GPS está ligado); e
- *on-demand* (sob demanda): momento em que o titular faz uma solicitação de informação.

A identificação do *timing* é importante, pois poderá impactar principalmente na definição da modalidade de comunicação.

1.4. Identificando a modalidade da comunicação

Definir conteúdo, canal e o *timing* da informação é importante para escolher como a informação será disponibilizada, e garantir que a informação seja acessível e compreensível para diferentes tipos de usuários e adequada ao momento de cada jornada. Algumas possíveis modalidades de comunicação são as seguintes:

a) **visual**, com textos, ícones, gravuras e uso estratégico de cores;
b) **auditiva**, com textos narrados, *flashes* de fotos ou outros elementos sonoros; e
c) **háptica**, que utiliza o sentido do tato, como a vibração de um celular ao receber uma notificação, para comunicar informações de forma discreta e direta.

A combinação de diferentes modalidades, como visual e auditiva, pode aumentar o acesso e a compreensão da informação, tornando a comunicação é mais eficaz.

1.5. Estratégias para garantir a entrega do aviso

Com a jornada mapeada, o agente de tratamento deve avaliar se deve implementar estratégias para aumentar a atenção dos titulares de dados. Nesse sentido, objetivo é incluir na jornada do titular etapas que "atraiam" ainda mais a atenção do titular para informação que é relevante.

Listamos abaixo alguns exemplos de estratégias que podem ser utilizadas:

- ***Blocking:*** essa técnica consiste em bloquear o acesso a funcionalidades ou conteúdos até que o usuário confirme a leitura e compreensão do aviso de privacidade. Isso garante que o usuário leia o aviso antes de prosseguir, aumentando a conscientização sobre a privacidade. Exemplos: *pop-ups* que exigem confirmação de leitura, bloqueio de acesso a áreas específicas do *site*;
- ***Decoupling:*** essa técnica separa o aviso de privacidade do produto ou serviço, tornando-o acessível de forma independente. Isso garante a acessibilidade e clareza da informação, permitindo que o usuário leia o aviso em um ambiente dedicado. Exem-

plos: página dedicada ao aviso de privacidade, arquivo PDF para *download*; e

- **Layered:** essa técnica consiste em apresentar o aviso de privacidade em camadas, com diferentes níveis de detalhamento. Isso permite que o usuário escolha o nível de informação que deseja visualizar, adaptando-se à sua necessidade. Exemplos: resumo conciso do aviso na página inicial, com *link* para a versão completa em outra página.

Com a jornada mapeada, o agente de tratamento deve avaliar se deve implementar estratégias para aumentar a atenção dos titulares de dados. Nesse sentido, o objetivo é incluir na jornada do titular etapas que "atraiam" ainda mais a atenção do titular para informação que é relevante.

3. CONSTRUINDO AVISOS DE PRIVACIDADE

Os avisos de privacidade oferecem uma excelente oportunidade de conexão entre marcas e seus clientes. Esses documentos podem e devem carregar o tom de voz de uma empresa, aliando segurança jurídica e a força do marketing. Para garantir a melhor experiência de transparência por meio de avisos de privacidade, é importante compreender a experiência do titular de dados e a jornada de entrega da comunicação.

Sobre a redação, é recomendável observar os seguintes requisitos:

- Mapear com colaboradores de diversas áreas e com clientes as oportunidades de facilitação e alinhar às estratégias corporativas.
- Evitar jargões técnicos, optando por utilizar o tom de voz da empresa.
- Definir qual a principal mensagem a ser compreendida pelo cliente e ser claro.
- Usar frases curtas e diretas.
- Organizar o conteúdo em tópicos.
- Utilizar exemplos concretos.
- Revisar o texto antes da publicação: verificar se a linguagem é clara, precisa e sem erros gramaticais.

Outra grande oportunidade é a utilização de recursos visuais apoiados nos manuais de marca ou de *branding*. Os recursos visuais aliados a textos mais compreensíveis permitem explorar ainda mais o universo das marcas, como a utilização de cores, tipografias, infografias e diagramas, buscando tornar o aviso mais acessível.

A comunicação pode e deve transcender o texto escrito, explorando recursos visuais como o *Visual Law*. O *Visual Law* utiliza elementos visuais como gráficos, ícones, infográficos e diagramas para tornar informações complexas mais acessíveis e compreensíveis. No contexto de avisos de privacidade, o *Visual Law* pode ser utilizado para:

- representar conceitos complexos de forma visual, facilitando a compreensão por parte do usuário;
- utilizar diagramas para mostrar como os dados são coletados, utilizados e compartilhados;
- utilizar cores, fontes e outros elementos visuais para chamar a atenção para informações relevantes.

Empresas que têm um departamento de marketing estruturado possuem um documento que define padrões de aplicação da sua marca e a forma como a empresa se comunica com seu público-alvo, para poder transmitir valores e ideais. Este documento também indica paleta de cores, famílias tipográficas, ícones e elementos gráficos. Essas diretrizes vão trazer consistência e qualidade gráfica para o aviso.

Essa conexão entre o jurídico e o marketing resulta em documentos jurídicos mais engajadores e claros para os clientes.

CONCLUSÃO

A combinação de *frameworks* de transparência com o *Legal Design* oferece uma abordagem robusta e centrada no usuário para a conformidade com a LGPD. Ao integrar princípios de transparência com técnicas de *design*, as organizações podem não apenas cumprir suas obrigações legais, mas também criar uma experiência de usuário positiva e confiável.

Os *frameworks* de transparência fornecem uma estrutura clara para identificar, comunicar e monitorar as informações relevantes, enquanto o *Legal Design* facilita a criação de comunicações acessíveis e envolventes. Esta abordagem integrada garante que os titulares de dados estejam bem-informados e que suas interações com as organizações sejam transparentes e compreensíveis.

Ao adotar essas práticas, as empresas podem construir confiança com seus clientes, demonstrar seu compromisso com a proteção de dados e, ao mesmo tempo, cumprir as exigências regulatórias de maneira eficaz. Em um ambiente onde a privacidade dos dados é cada vez mais valorizada, investir em transparência e *design* de comunicação é uma estratégia essencial para o sucesso sustentável e a reputação positiva.

CAPÍTULO 14
Ferramentas para a construção de modelos de painéis de controle do programa de privacidade

Monica Maia Ribeiro[1]

INTRODUÇÃO

A Lei n. 13.709/2018, conhecida como Lei Geral de Proteção de Dados Pessoais (LGPD), que entrou em vigor no ano de 2020, trouxe um novo desafio para as empresas em relação ao tratamento de dados pessoais.

No período inicial de adequação à lei, a principal preocupação das empresas foi desenvolver estratégias de como implementar as novas regras previstas na LGPD, incluindo desde ações de mapeamento das operações de tratamento de dados para identificar o uso de dados pessoais até o desenvolvimento de documentações específicas exigidas em determinadas condições pela legislação, como o Relatório de Impacto à Proteção de Dados Pessoais (RIPD), definido no art. 5º, XVII, da LGPD.

Quando se discute um projeto de implementação da LGPD, é esperado que envolvam ações que incluam um início e um fim. Dessa forma, dar visibilidade aos *stakeholders* que possuem interesse no tema fica mais tangível, ou seja, é possível saber exatamente as ações necessárias, quando serão finalizadas e, por fim, os prazos de entrega. No entanto, e após a fase do projeto de implementação da lei, as empresas passam a

---

[1] Advogada, formada em Direito pela Universidade Católica de Santos, é pós-graduanda em Direito Digital e Proteção de Dados pelo Instituto Brasileiro de Ensino, Desenvolvimento e Pesquisa (IDP). Iniciou sua jornada ainda durante a faculdade, participando de eventos e desenvolvendo seu conhecimento em direito e tecnologia. Em 2015, foi selecionada para participar do Programa Youth@IGF, organizado pelo Comitê Gestor da Internet no Brasil (CGI.br), onde pôde debater com diversos setores sobre os desafios gerados por novas tecnologias. Atuando há mais de sete anos no setor financeiro, em 2018 foi monitora de um grande curso de privacidade e proteção de dados pessoais, o que marcou uma virada de chave em sua carreira. Desde então, tem se envolvido cada vez mais na temática e atualmente ocupa o cargo de Encarregada de Dados no Will Bank.

ter um novo nível de responsabilidade, o que inclui a necessidade de se ter um programa de governança em proteção de dados, esse sim um processo que exige uma atuação contínua no cotidiano corporativo.

Nesse contexto, para trazer não só a visibilidade desse programa de governança aos diversos níveis de tomada de decisão da empresas, por exemplo, C-Levels e Diretorias e, até mesmo, direcionar o próprio time de privacidade sobre as ações necessárias, o desenvolvimento de indicadores para as ações de governança garantem não só uma transparência dos processos, mas a possibilidade de tangibilizar ações e garantir que sejam eficazes para a empresa.

Levando em consideração a necessidade de um programa de governança em proteção de dados para monitorar o tratamento de dados nas empresas, a proposta deste artigo é trazer uma perspectiva prática sobre como times que estão diretamente envolvidos na temática de privacidade e proteção de dados pessoais podem gerar indicadores que auxiliam no controle do programa de governança, bem como expandir esse valor para outros times.

1. A IMPORTÂNCIA DOS INDICADORES PARA A CONSTRUÇÃO DE UM PROGRAMA DE GOVERNANÇA EM PRIVACIDADE E PROTEÇÃO DE DADOS

Indicadores são desenvolvidos para direcionar nas representações quantificáveis das características de produtos e processos, sendo utilizados para melhorar a qualidade e desempenho de um produto ou processo ao longo do tempo.

Dessa forma, dados gerados por meio de ações do programa de governança serão basilares para entender, por exemplo, se os processos estabelecidos são eficientes e as ações que estão sendo implementadas durante o tempo correspondem com as expectativas da empresa.

O mundo corporativo é composto por diversas camadas, lideranças em que cada vez mais são necessárias tomadas decisões baseadas em dados (*data-driven decision making*), sejam elas sobre os riscos que serão tomados ou as ações que serão priorizadas. Nesse contexto é fundamental definir boas métricas, levando em consideração o público que irá recepcionar essa informação e os indicadores que possibilitam uma decisão fundada em informações concretas, direcionando para um plano programa em privacidade de sucesso.

É válido, também, entender que, durante a construção dos indicadores, cada empresa terá o seu próprio nível de maturidade. Por exemplo, algumas possuem ferramentas robustas de mercado que automatizam todo o processo, todavia, outras necessitarão criar suas métricas de forma mais manual.

O importante é definir quais métricas serão criadas e direcionadas por parte do time de privacidade, bem como entender como o modelo de negócio funciona e suas áreas para que, caso tenham ferramentas que impactem nas atividades de privacidade, seja possível extrair dados para o desenvolvimento de indicadores.

Em relação à gestão de pessoas, em decorrência do dia a dia corporativo e das atividades cotidianas, a falta de indicadores pode se tornar um aliado a desmotivação do próprio time. A falta de direcionamento ou da visibilidade do que está sendo feito tem a capacidade de gerar a sensação de que as atividades não têm fim e isso pode causar insatisfação nas pessoas.

Por fim, para se consolidar um programa de privacidade e proteção de dados, o desenvolvimento de indicadores é um fator crucial, que irá gerar embasamento para as escolhas seguintes que afetarão posteriormente as decisões, seja no próximo semestre ou nos próximos anos da companhia. Para isso, também é necessário conhecer os tipos de indicadores e seus impactos na tomada de decisão corporativa.

2. INDICADORES ESTRATÉGICOS

Os indicadores estratégicos são aqueles que direcionam as ações da empresa para o seu foco, ou melhor, a sua principal meta. Seu direcionamento gera diretamente a visibilidade para lideranças estratégicas como *C-Levels* e Diretores, a depender da forma que está definido o *board* da empresa.

Cada empresa pode adotar uma metodologia, sendo importante entender que, com os indicadores devidamente construídos, é possível trazer parâmetros mensuráveis que focam na entrega de resultados.

Entre os exemplos de como alinhar metas da empresa e desenvolver indicadores para as áreas privacidade e proteção de dados pessoais podem ser mencionados:

- A meta principal da empresa é a priorização de riscos. Dessa forma, o tema de privacidade pode entender quais são os maiores riscos identificados na área interna e desenvolver planos de ação como resultado; e

• Caso a principal meta da empresa seja a melhoria na experiência do usuário, por meio da quantidade de solicitações de titulares de dados é possível construir métricas que melhorem a sua relação com a empresa.

Desenvolver para o time de privacidade e proteção de dados metas ligadas com as da empresa também faz com que os profissionais que estão no time se mantenham engajados, entendendo exatamente o que precisa ser feito e quais são as ações que deverão ser priorizadas, criando inclusive uma cultura de pertencimento.

Além disso, a partir desses indicadores voltados para o âmbito estratégico, a abordagem de privacidade e proteção de dados pessoais passa a ter uma relevância maior, pois o tema se torna como uma alavanca para a empresa, sendo um definidor de sucesso ao longo do ano, variando de acordo com o direcionamento de cada negócio.

3. INDICADORES TÁTICOS

Diferente dos indicadores estratégicos que tratam de uma análise de longo prazo e de uma visão de alta liderança, os indicadores táticos focam em prazos médios e pretendem trazer visibilidade para gerentes e diretores de equipes.

Dessa forma, é possível entender o quanto o caminho que está sendo planejado pelo time de privacidade e proteção de dados pessoais contribui de forma diária com os objetivos principais da empresa.

A seguir, alguns exemplos de como podem ser construídos indicadores táticos:

• nível de maturidade de privacidade por times internos, ou seja, identificar quais são os times que mais estão alinhados com leis de privacidade e proteção de dados pessoais;

• eficiência de políticas e procedimentos internos, por exemplo, em um procedimento de exclusão de dados pessoais, se as ações estão sendo realizadas dentro do tempo médio proposto;

• número de incidentes de segurança da informação reportados para a autoridade competente, no caso do Brasil, a Autoridade Nacional de Proteção de Dados (ANPD); e

• tempo médio de resposta às solicitações dos titulares, medindo a eficiência de resposta.

Vale destacar que os indicadores táticos são mais voltados para identificar a eficácia do programa de governança construído em privacidade e proteção de dados pessoais, entendendo se as ações que estão sendo realizadas são suficientes ou não. Dessa forma, é possível, de maneira célere, recalcular a rota que foi desenhada para o time.

4. INDICADORES OPERACIONAIS

Os indicadores operacionais são voltados para as atividades cotidianas que fazem parte do *core* do time e que possuem um curto prazo para monitoramento.

A sua visibilidade costuma estar voltada para os gestores entenderem como estão as atividades desenvolvidas pelo time, trazendo o direcionamento para uma melhor distribuição de recursos, nível de complexidade das demandas e, até mesmo, se tornar um apoio e alicerce para times de negócio.

São apresentados abaixo alguns exemplos de indicadores operacionais e possíveis *insights* que podem ser gerados a partir deles:

- Total de relatórios de impacto desenvolvidos pelo time, entendendo dessa forma a volumetria do trabalho executado e possibilitando a identificação das áreas que mais tratam dados com alto risco.
- A quantidade de testes de legítimo interesse, verificando o quanto é feito por mês e analisando como a empresa se comporta com tal hipótese legal.
- Contratos contendo cláusulas voltadas para privacidade e proteção de dados pessoais, bem como a forma como estão retornando dos parceiros comerciais.

Por fim, o monitoramento nesse caso é contínuo e consegue trazer insumos para que as decisões dos gestores sejam baseadas em dados, entendendo se processos internos estão sendo eficientes e o quanto estão gerando gargalos nos processos do time de privacidade e proteção de dados.

5. INDICADORES DE PRIVACIDADE E A TROCA DE DADOS COM OUTRAS ÁREAS DA EMPRESA

Indicadores são construídos, muitas vezes, pelo próprio time de privacidade e proteção de dados, vislumbrando demonstrar o trabalho desenvolvido e quais são as ações necessárias, em especial para o cumprimento regulatório.

É importante que, ao pensar na construção dos indicadores, o time também entenda o funcionamento do negócio em que se está atuando, não apenas na visão do arcabouço regulatório, mas na forma em que os times de negócio conseguem trazer resultados positivos financeiros.

Ao pensar nos controles do programa de privacidade, ou seja, nos números e porcentagens, tais indicadores também podem se tornar alavancas estratégicas para outros times internos da companhia e que, por consequência, passam a ver o time de privacidade como aliados do negócio.

Um exemplo disso é que, em diversos casos, pode ser que solicitações dos titulares sejam direcionadas, especialmente voltadas para a exclusão de dados pessoais, em decorrência da falha na prestação de algum serviço ou, ainda, na insatisfação do cliente por conta de processos internos.

Saber identificar a verdadeira causa e direcionar para o time responsável interno faz com que a privacidade vá além de uma garantidora de direitos fundamentais, mas também como um alicerce de apoio que os times da empresa podem contar como um parceiro, principalmente sob a ótica de experiência do usuário.

Da mesma forma, entender quais são os indicadores de outros times e as ferramentas utilizadas também pode acarretar novas tomadas de decisões para privacidade e proteção de dados pessoais. Por exemplo, métricas de atendimento ao cliente podem demonstrar que a forma como a política de privacidade está disponível ao titular não necessariamente está trazendo a transparência suficiente para o cliente final, possibilitando uma revisão da documentação em pontos específicos.

Ter bons indicadores e obter *insights* que apoiem a empresa como um todo, além de utilizar indicadores de outros times, coloca a estratégia de privacidade e proteção de dados pessoais em um outro patamar, embutindo cada vez em uma visão de *design* em relação ao tema.

CONCLUSÃO

O desenvolvimento de um programa de governança em privacidade e proteção de dados pessoais deve ter como um de seus alicerces a construção de indicadores. Para o desenvolvimento de um programa de governança robusto é necessário entender o que se espera alcançar com os dados e como eles podem impactar de forma positiva no negócio.

Além disso, existem três tipos de indicadores que foram destacados no presente artigo, sendo eles: estratégico, tático e operacional. O primeiro, focado nas metas da empresa, trazendo o direcionamento de onde se espera chegar; o segundo para que a gestão entenda a eficiência das ações e alinhe com as expectativas do negócio; e o operacional, que viabilize o desenvolvimento das atividades de um time.

Por fim, é fundamental que os controles aplicados ao programa de privacidade e proteção de dados busquem impactar além do próprio time. Isso significa garantir que os indicadores desenvolvidos auxiliem os times de produtos e negócios a irem além nas suas áreas.

REFERÊNCIAS

DOERR, John. *Avalie o que importa:* como Google, Bono Vox e a Fundação Gates sacudiram o mundo com os OKRs. Rio de Janeiro: Alta Books, 2019.

FUTURE OF PRIVACY FORUM (FPF). Privacy Metrics Report. 2021. Disponível em: https://fpf.org/wp-content/uploads/2022/03/FPF-PrivacyMetricsReport-R9-Digital.pdf. Acesso em: 20 jul. 2024.

KAPLAN, Robert S.; NORTON, David P. Usando o *balanced scorecard* como um sistema de gestão e estratégica. *Harvard Business Review* – Lições de Estratégia, v. 1, p. 186-210, 2019.

KNAFLIC, Cole Nussbaumer. *Storytelling com dados:* um guia sobre visualização. Rio de Janeiro: Alta Books, 2019.

PORTER, Michael E. Porter. O que é estratégia? *Harvard Business Review* – Lições de Estratégia, v. 1, p. 7-46, 2019.

TAKASHINA, N. T. *Indicadores da qualidade e desempenho*. Rio de Janeiro: Qualitymark, 1999.

CAPÍTULO 15
Modelos de maturidade em proteção de dados

Henrique Fabretti Moraes[1]
Juliana Zangirolami[2]

A Lei Geral de Proteção de Dados (LGPD) inaugurou uma nova era para a privacidade e a proteção de dados pessoais no Brasil, demandando que as organizações repensem suas práticas e invistam na adequação aos seus requisitos. Nesse contexto, a mensuração da maturidade em proteção de dados emerge como um elemento crucial para que as empresas compreendam o quão bem-posicionadas estão em relação à LGPD e identifiquem os pontos que exigem atenção e aprimoramento.

Afinal, como bem pontuado pela frase usualmente atribuída ao guru da administração Peter Drucker, "o que não pode ser medido, não pode ser avaliado". A máxima de Drucker se aplica perfeitamente à proteção de dados, pois, sem mensurar o nível de maturidade do programa de privacidade, torna-se impossível avaliar seu progresso, identificar falhas e determinar a melhor estratégia para alcançar a conformidade e, mais importante, a efetiva proteção aos dados pessoais.

Para além da adequação legal, a mensuração da maturidade em proteção de dados oferece às organizações a oportunidade de construir uma cultura de privacidade sólida, baseada em processos eficientes, gestão de

---

[1] Advogado especialista em direito digital. Fellow of Information Privacy, CIPM, CIPP/E, CIPT e CDPO/BR pela Associação Internacional de Profissionais da Privacidade (IAPP), onde atuou como membro do conselho consultivo de publicações (2021-2022) e do conselho consultivo de pesquisa (2024-2025). Mestrando em Direito e Tecnologia pela Faculdade de Direito da Fundação Getúlio Vargas (FGV-SP), onde também participou do programa de estágio em pesquisa no Centro de Estudo e Pesquisa em Inovação (CEPI). E-mail de contato: henrique.fabretti@opiceblum.com.br.

[2] Advogada, formada pelas Faculdades Metropolitanas Unidas (FMU), com mestrado em Direito Contratual pela Fundação Getúlio Vargas (FGV) e em Segurança Cibernética pela Leiden University, Holanda, certificada CIPP/E pela International Association of Privacy Professionals (IAPP) e Data Protection Officer (DPO) pela Faculdade de Maastricht, Holanda. Atualmente, ocupa a posição de Global Data Protection Officer baseada na Holanda.

riscos e aprimoramento contínuo. Este artigo tem como objetivo apresentar a importância de se avaliar o nível de maturidade do programa de privacidade, explorando diferentes modelos e ferramentas que podem auxiliar nesse processo.

Neste artigo, abordaremos, inicialmente, a importância de o encarregado pelo tratamento de dados pessoais compreender o contexto específico da organização, considerando fatores como apetite a risco, setor de atuação, porte da empresa e os incentivos para a construção de um programa de governança em proteção de dados. Essa análise inicial funciona como uma bússola, guiando a definição da estratégia e dos recursos necessários para alcançar o nível de maturidade desejado.

Em seguida, exploraremos três modelos de maturidade amplamente reconhecidos: o modelo de autoavaliação do *Information Commissioner's Office* (ICO) do Reino Unido, o modelo da *Commission Nationale de L'informatique et des Libertés* (CNIL) da França e o modelo brasileiro, desenvolvido pela Secretaria de Governo Digital (SGD). Cada um desses modelos apresenta uma abordagem específica, com diferentes níveis de maturidade, pilares de avaliação e ferramentas de apoio.

A IMPORTÂNCIA DE SE MENSURAR A MATURIDADE DO PROGRAMA DE PROTEÇÃO DE DADOS

Compreender as motivações por trás da construção de um programa de governança em proteção de dados pessoais é crucial para o Encarregado definir a melhor abordagem. Essas motivações, ou incentivos, impactam diretamente o escopo, os recursos e o apoio que o programa receberá dentro da organização.

Antes da construção de fato do programa de governança em proteção de dados pessoais e a escolha do modelo de maturidade adotado para avaliar a eficácia desse programa, exige-se que o encarregado de proteção de dados pessoais entenda, sob uma ótica mais abrangente, alguns aspectos do contexto da sua atuação em uma determinada empresa. Trata-se, metaforicamente, de uma fotografia inicial tirada pelo encarregado de proteção de dados pessoais, que antecede a construção do programa, cujo objetivo principal é a definição do ponto de partida e, posteriormente, da estratégia adotada.

O primeiro aspecto diz respeito aos diferentes tipos de empresa, considerando questões associadas ao apetite de risco. É importante entender, portanto, as diferenças associadas à atuação do encarregado, por exemplo, em uma *startup* cujo apetite de risco, geralmente, é muito alto em razão de alguns fatores, mas principalmente da prioridade em se conquistar mercado, em contraponto, a atuação do encarregado em uma empresa de porte grande que, potencialmente, já tem um mercado mais consolidado, o que evidencia uma preocupação maior com a reputação da marca e um nível de apetite de risco mais baixo. Ademais, o setor da empresa também pode impactar nessa avaliação que antecede a construção do programa de governança. Nesse sentido, uma empresa fortemente regulada como, por exemplo, que atue no setor de saúde ou mercado financeiro vai apresentar uma estrutura interna mais robusta e madura, sob a ótica de sistemas, processos e pessoas, o que pode ser extremamente benéfico para a atuação do encarregado e deve, certamente, ser considerado.

O segundo aspecto diz respeito aos incentivos da empresa em construir um programa de governança em proteção de dados pessoais. Esses incentivos podem ser a mera adequação legal, quando o principal objetivo diz respeito ao cumprimento da legislação para se evitar penalidades administrativas e, principalmente, multas pecuniárias em razão de algum descumprimento regulatório. Nesse cenário, a nomeação do encarregado é realizada, via de regra, para se cumprir uma determinação legal e, potencialmente, não haverá uma estrutura adequada para uma atuação satisfatória. A atuação do encarregado pode estar limitada à elaboração de algumas políticas essenciais como, por exemplo, avisos de privacidade, política de *cookies*, política de retenção, dentre outras. Estes documentos muitas vezes não irão refletir a operação, ou seja, tem-se o documento legal minimamente estruturado, mas não há respaldo do operacional no sentido de implementação das medidas técnicas e administrativas que garantam a eficácia das regras estabelecidas. Nesse caso, a atuação do encarregado possui um forte aspecto em gerenciamento de risco. O outro incentivo pode ser a reputação de mercado, quando o objetivo da construção do programa está associado à proteção da marca. Nesse cenário, a estrutura dedicada ao encarregado é mais robusta; tem-se um destaque da área *top-down*, o encarregado tem apoio de outras áreas críticas, por exemplo, segurança cibernética, produtos, marketing e recursos humanos. E, principalmente, as metas estabelecidas pelo encarregado fazem parte das metas estratégicas do negócio. O terceiro incentivo está associado ao fato de que o dado pessoal é o ativo mais valioso da empresa (as joias da coroa), por exemplo, uma provedora de serviços em nuvem. Neste cenário, o encarregado, potencialmente, estaria no melhor contexto de atuação, considerando fatores como alto orçamento para a área, projetos de grande impacto para a empresa e, consequente, alta visibilidade da área, uma estrutura robusta e diversos times apoiando.

O terceiro e último aspecto diz respeito aonde de fato a empresa quer chegar ou aonde de fato a empresa pode chegar. Considerando os pontos anteriores trazidos, é importante que o encarregado entenda as limitações de um determinado contexto e construa um programa de acordo com essas limitações, priorizando certos aspectos mais importantes para aquele determinado contexto a fim de otimizar a sua atuação.

Diante de tantas variáveis é importante ressaltar que não existe uma receita infalível para a construção de um programa de governança em proteção de dados pessoais e, principalmente, que seja aplicável a qualquer tipo de empresa. O encarregado precisa entender estas variáveis para, como dito, desenhar o cenário que antecede a construção de fato do programa de uma forma que atenda as expectativas estabelecidas. Assim, uma vez superada a etapa da fotografia inicial, o encarregado precisa definir a trajetória, ou seja, qual será o caminho adotado para implementar um programa de governança que conduzirá a empresa de um ponto "A" a um ponto pretendido "B". Essa trajetória, grosso modo, envolve o olhar para quatro pilares principais, são eles: gerenciamento de risco de terceiros, atendimento aos direitos dos titulares, resposta a incidentes de segurança e governança de dados. Nesse momento, o encarregado precisa definir os passos desta trajetória que, obviamente, começa com o entendimento da Lei Geral de Proteção de Dados (LGPD) e seus requisitos. Todavia, a LGPD não será capaz de solucionar todas as questões, porque é uma regulação principiológica, ou seja, em muitos momentos, se limita a prescrever o que deve ser implementado e não descreve como determinado requisito deva ser implementado.

O MODELO DE MATURIDADE DO *INFORMATION COMISSIONER'S OFFICE* (ICO)

O modelo do ICO, materializado em uma ferramenta *online* de autoavaliação, tem como objetivo auxiliar as organizações a compreenderem o quão bem estão cumprindo as expectativas do ICO em relação à proteção de dados pessoais. A ferramenta se estrutura em um questionário abrangente, dividido em seções temáticas que abordam os principais aspectos da privacidade e proteção de dados. Ao responder às perguntas, a organização realiza uma autoanálise de suas práticas, recebendo ao final um relatório personalizado. Esse relatório funciona como um diagnóstico, indicando o nível de maturidade da organização em cada um dos pilares da proteção de dados e sinalizando os pontos fortes do programa, bem como as áreas que necessitam de atenção e aprimoramento.

O modelo de maturidade do ICO se estrutura em torno de dez pilares interdependentes, que abrangem as principais áreas da governança em proteção de dados, e de conformidade com o UK GDPR. Os dez pilares que compõem o modelo de maturidade do ICO são:

1) Liderança e supervisão: avalia se a organização possui uma estrutura organizacional bem definida para a gestão da proteção de dados, com clara atribuição de responsabilidades, fortes mecanismos de liderança e supervisão, e comunicação eficiente entre as diferentes áreas da organização. A existência de um *Data Protection Officer* (DPO) e de um corpo diretivo comprometido com a proteção de dados são aspectos fundamentais nesse pilar.

2) Políticas e procedimentos: analisa se a organização possui políticas e procedimentos claros, abrangentes e atualizados, que orientem os colaboradores sobre como lidar com os dados pessoais de forma segura e em conformidade com a LGPD. A implementação de mecanismos de revisão e aprovação dessas políticas, bem como a comunicação e treinamento dos colaboradores, são elementos essenciais para a efetividade deste pilar.

3) Treinamento e conscientização: verifica se a organização investe em programas de treinamento e conscientização para seus colaboradores, abordando os princípios da proteção de dados, as regras da LGPD e as melhores práticas para o tratamento seguro das informações pessoais. A regularidade, a adequação do conteúdo à realidade da organização e a verificação da compreensão dos colaboradores são aspectos relevantes nesse pilar.

4) Direitos dos titulares: avalia a capacidade da organização em garantir os direitos dos titulares de dados pessoais, como o direito de acesso, correção, exclusão, portabilidade, oposição e revogação do consentimento. A existência de processos eficientes para atender às solicitações dos titulares dentro dos prazos legais é crucial para a conformidade.

5) Transparência: analisa se a organização é transparente em relação às suas práticas de tratamento de dados pessoais, fornecendo aos titulares informações claras, acessíveis e completas sobre como seus dados são coletados, utilizados, armazenados e protegidos. A elaboração de políticas de privacidade e avisos de privacidade adequados à LGPD são elementos importantes nesse pilar.

6) Registros de processamento e base legal: verifica se a organização mantém registros detalhados de suas atividades de tratamento de dados pessoais, documentando as finalidades, os tipos de dados tratados, as bases legais que as fundamentam, os prazos de retenção e as medidas de segurança adotadas. A elaboração e atualização regular do Relatório de Impacto à Proteção de Dados Pessoais (RIPD) também é um elemento essencial.

7) Contratos e compartilhamento de dados: avalia se a organização possui políticas e procedimentos para a formalização de contratos com fornecedores e parceiros que tenham acesso aos dados pessoais, garantindo que estes também atuem em conformidade com a LGPD. A inclusão de cláusulas específicas de proteção de dados nesses contratos é fundamental para a segurança das informações.

8) Riscos e *Data Protection Impact Assessments* (DPIAs): analisa a capacidade da organização em identificar, analisar e gerenciar os riscos relacionados ao tratamento de dados pessoais. A realização de *DPIAs* para as atividades que apresentem alto risco aos direitos e liberdades dos titulares é mandatória e um componente crucial desse pilar.

9) Gestão de Registros e Segurança: verifica se a organização possui políticas e procedimentos adequados para a gestão segura dos registros que contenham dados pessoais, abrangendo aspectos como classificação da informação, controle de acesso, criptografia, *backup* e descarte seguro. A implementação de medidas de segurança da informação robustas é essencial para a proteção dos dados contra acessos não autorizados e incidentes de segurança.

10) Resposta a Incidentes e Monitoramento: avalia se a organização possui um plano de resposta a incidentes de segurança da informação que contemple a identificação, contenção, notificação à ANPD e aos titulares afetados, bem como a adoção de medidas para mitigar os impactos do incidente. A realização de testes periódicos do plano e a revisão e atualização constante dos seus procedimentos são fundamentais para garantir sua efetividade.

A ferramenta de autoavaliação do ICO utiliza um sistema de classificação simples e intuitivo para auxiliar as organizações a interpretarem os resultados da autoanálise. Para cada pergunta respondida, a organização deve indicar se a afirmativa apresentada se enquadra em uma das seguintes categorias: "Concordo totalmente", "Concordo parcialmente", "Discordo" ou "Não se aplica".

Com base nas respostas fornecidas, a ferramenta gera um relatório que apresenta o percentual de aderência da organização às expectativas do ICO em relação a cada um dos dez pilares da maturidade em proteção de dados. A partir dessa pontuação, a organização pode visualizar de forma clara e objetiva quais áreas do seu programa de privacidade estão mais maduras e quais delas demandam maior atenção e investimento.

É importante destacar que a autoavaliação do ICO não tem caráter de auditoria ou certificação, e seus resultados não são públicos. Trata-se de uma ferramenta de autoconhecimento e aprimoramento contínuo, que permite à organização identificar seus pontos fortes e fracos em relação à proteção de dados pessoais e, a partir dessa análise, traçar um plano de ação para o desenvolvimento de um programa de privacidade robusto e aderente à LGPD.

MODELO DE MATURIDADE DA *COMMISSION NATIONALE DE L'INFORMATIQUE ET DES LIBERTÉS* (CNIL)

O modelo da CNIL propõe uma análise que vai além da mera adequação à legislação. Este modelo de maturidade se concentra na forma como as organizações gerem a proteção de dados na prática, avaliando o nível de formalização, integração e aprimoramento contínuo das atividades relacionadas à privacidade.

A CNIL reconhece que a proteção de dados não se resume a um *checklist* de requisitos legais a serem cumpridos. É preciso ir além, construindo uma cultura de proteção de dados enraizada nos processos da organização e em constante evolução. Nesse sentido, a maturidade em proteção de dados se traduz na capacidade da organização de gerenciar os riscos e garantir os direitos dos titulares de forma consistente, independentemente de fatores externos, como mudanças na legislação ou novas tecnologias.

Para traduzir a progressão da maturidade em proteção de dados, o *framework* do CNIL define cinco níveis distintos, onde cada nível representa um estágio de desenvolvimento, com características específicas e ações cada vez mais sofisticadas. Os cinco níveis de maturidade propostos pela CNIL são:

Nível 0 – Prática inexistente ou incompleta: nesse estágio inicial, a organização ainda não possui nenhuma estrutura ou processo definido para lidar com a proteção de dados. As ações, quando existem, são pontuais, descoordenadas e geralmente reativas a algum problema imediato. A proteção de dados não é vista como uma preocupação estratégica.

Nível 1 – Prática informal: a organização começa a demonstrar preocupação com a proteção de dados, implementando algumas ações básicas, como a adoção de políticas internas ou a designação de um responsável por lidar com as solicitações dos titulares. No entanto, as práticas ainda são informais, com baixa documentação e dependentes de pessoas específicas.

Nível 2 – Prática repetível e monitorada: a organização passa a formalizar seus processos de proteção de dados, documentando procedimentos, definindo responsabilidades e implementando mecanismos de monitoramento. As ações se tornam mais padronizadas e independentes de pessoas específicas, demonstrando um maior comprometimento com a proteção de dados.

Nível 3 – Processo definido: a organização consolida sua estrutura de governança em proteção de dados, com processos bem definidos, documentados e comunicados a todos os colaboradores. A proteção de dados é integrada aos processos de negócio e às decisões estratégicas da organização.

Nível 4 – Processo controlado: a organização implementa mecanismos de medição e controle para garantir a eficácia de seus processos de proteção de dados. São definidos indicadores-chave de desempenho (KPIs) e realizadas auditorias internas para identificar e corrigir falhas. A organização busca a melhoria contínua de suas práticas de governança em privacidade.

Nível 5 – Processo continuamente otimizado: nesse nível mais avançado, a organização possui uma cultura de proteção de dados enraizada em seus processos e uma busca constante pela excelência em governança da privacidade. Os processos são revisados e atualizados de forma dinâmica, adaptando-se às mudanças na legislação, às novas tecnologias e às demandas dos titulares de dados.

Para alcançar a maturidade em proteção de dados, a CNIL destaca a importância de se estruturar a gestão da privacidade em torno de oito atividades-chave. Essas atividades, interdependentes e complementares, abrangem os principais aspectos da governança em proteção de dados, desde a definição de políticas e procedimentos até a gestão de incidentes de segurança.

As oito atividades-chave definidas pela CNIL são:

1) Definir e implementar procedimentos de proteção de dados: estabelecer políticas e procedimentos claros, abrangentes e atualizados, que orientem os colaboradores sobre como lidar com os dados pessoais de forma segura e em conformidade com a LGPD. Assegurar a comunicação e o treinamento adequados para garantir a efetividade dessas políticas e procedimentos.

2) Gerenciar a governança da proteção de dados: definir a estrutura de governança em proteção de dados, estabelecendo papéis e responsabilidades, criando mecanismos de supervisão e controle, e garantindo a comunicação eficiente entre as diferentes áreas da organização. A designação de um DPO e o comprometimento da alta direção são elementos fundamentais nessa atividade.

3) Inventariar e atualizar a lista de tratamentos: manter um inventário completo e atualizado de todos os tratamentos de dados pessoais realizados pela organização, documentando as finalidades, os tipos de dados tratados, as bases legais, os prazos de retenção e as medidas de segurança adotadas.

4) Garantir a conformidade jurídica dos tratamentos: avaliar a conformidade de todos os tratamentos de dados pessoais com a LGPD, verificando a adequação das bases legais, a proporcionalidade e a necessidade do tratamento, e garantindo o respeito aos direitos dos titulares.

5) Treinar e conscientizar: implementar programas de treinamento e conscientização para todos os colaboradores, abordando os princípios da proteção de dados, as regras da LGPD e as melhores práticas para o tratamento seguro das informações pessoais.

6) Processar as solicitações dos usuários: estabelecer processos eficientes para atender às solicitações dos titulares de dados pessoais, como pedidos de acesso, correção, exclusão, portabilidade e oposição, dentro dos prazos legais.

7) Gerenciar os riscos de segurança: identificar, analisar e gerenciar os riscos relacionados ao tratamento de dados pessoais, implementando medidas de segurança da informação adequadas para proteger os dados contra acessos não autorizados, uso indevido e incidentes de segurança.

8) Gerenciar as violações de dados: estabelecer um plano de resposta a incidentes de segurança da informação que contemple a identificação, contenção, notificação à ANPD e aos titulares afetados, bem como a adoção de medidas para mitigar os impactos do incidente.

Para tornar o modelo de maturidade mais prático e aplicável, a CNIL exemplifica como cada um dos cinco níveis se traduz em ações concretas dentro de cada uma das oito atividades-chave. Essa análise detalhada permite que a organização visualize, de forma clara e objetiva, o que significa estar em um determinado nível de maturidade em cada área da gestão da privacidade.

A título de ilustração, vejamos alguns exemplos de como os níveis de maturidade se aplicam à atividade-chave "Definir e Implementar Procedimentos de Proteção de Dados":

Nível 0 – A organização não possui nenhuma política ou procedimento formal para a proteção de dados.

Nível 1 – A organização possui algumas políticas internas básicas, mas estas não são formalizadas, documentadas ou comunicadas de forma ampla.

Nível 2 – A organização formaliza suas políticas de proteção de dados, documentando procedimentos e definindo responsabilidades. As políticas são comunicadas aos colaboradores, mas ainda não há mecanismos de monitoramento da sua aplicação.

Nível 3 – A organização implementa um sistema de gestão de políticas de proteção de dados, com mecanismos de revisão, atualização e controle de versões. As políticas são integradas aos processos de negócio e a sua aplicação é monitorada periodicamente.

Nível 4 – A organização realiza auditorias internas para verificar a efetividade das suas políticas de proteção de dados e utiliza os resultados para promover melhorias contínuas.

Nível 5 – A organização possui um sistema dinâmico de gestão de políticas de proteção de dados, que se adapta às mudanças na legislação, às novas tecnologias e às demandas dos titulares. As políticas são revisadas e atualizadas de forma proativa e constante.

A CNIL oferece exemplos similares para cada combinação de nível de maturidade e atividade-chave, criando um guia prático para que as organizações possam se autoavaliar e identificar as ações necessárias para alcançar um nível de maturidade mais avançado em cada área da gestão da privacidade.

O modelo de maturidade da CNIL se propõe a ser uma ferramenta prática para auxiliar as organizações a avaliarem e aprimorarem suas práticas de governança em privacidade. A partir da análise detalhada dos cinco níveis de maturidade e das oito atividades-chave, a organização pode realizar uma autoavaliação, identificando seu posicionamento atual e definindo um plano de ação para alcançar níveis mais avançados.

A autoavaliação, conduzida de forma honesta e crítica, permite que a organização tenha uma visão realista de seus pontos fortes e fracos em relação à proteção de dados. Com base nessa análise, pode-se elaborar um plano de ação priorizando as áreas que demandam maior atenção e definindo metas específicas, mensuráveis, atingíveis, relevantes e com prazos definidos (SMART).

O MODELO DE MATURIDADE EM PRIVACIDADE DO GOVERNO BRASILEIRO

A transformação digital dos serviços públicos no Brasil trouxe consigo uma série de benefícios para os cidadãos, como a maior acessibilidade, agilidade e eficiência na prestação de serviços. Contudo, esse processo também implicou em novos desafios, com destaque para a necessidade de se garantir a proteção dos dados pessoais tratados pelos órgãos e entidades da Administração Pública Federal (APF). Combinado com os desafios impostos pela Lei Geral de Proteção de Dados, a Secretaria de Governo Digital (SGD) do Ministério da Gestão e da Inovação em Serviços Públicos elaborou o Guia do *Framework* de Privacidade e Segurança da Informação, com o objetivo de auxiliar os órgãos e entidades da APF a implementarem um programa robusto de governança em privacidade e segurança da informação, alinhado à LGPD, à Política Nacional de Segurança da Informação (PNSI) e a outros normativos relevantes.

O *Framework* de Privacidade e Segurança da Informação do governo brasileiro se estrutura em torno de 31 controles, organizados em três categorias principais, que refletem a abrangência e a profundidade do programa de governança em privacidade e segurança da informação.

A primeira categoria, denominada Estruturação Básica de Gestão em Privacidade e Segurança da Informação (Controle 0), aborda os fundamentos essenciais para a construção de uma cultura de proteção de dados e segurança da informação na organização. Essa categoria engloba aspectos como a definição de papéis e responsabilidades, a criação de políticas e procedimentos, a instituição de comitês e equipes especializadas, e a alocação de recursos orçamentários.

A segunda categoria, Segurança Cibernética (Controles 1 a 18), se concentra na proteção dos sistemas e dados contra ameaças cibernéticas, abordando temas como gestão de ativos, proteção contra *malware*, controle de acesso, gestão de vulnerabilidades, resposta a incidentes e testes de invasão. Essa categoria se baseia nas melhores práticas internacionais, com destaque para os controles do *Center for Internet Security* (CIS).

A terceira categoria, Privacidade (Controles 19 a 31), se dedica à proteção dos dados pessoais tratados pela organização, em conformidade com a LGPD. Essa categoria aborda temas como inventário e mapeamento de dados, finalidade e bases legais para o tratamento, governança em privacidade, minimização de dados, gestão do tratamento, acesso e qualidade dos dados, compartilhamento e transferência de dados, supervisão de terceiros, transparência e notificação, avaliação de impacto e auditoria, e segurança aplicada à privacidade. Essa categoria se inspira em normas internacionais, como as da *International Organization for Standardization* (ISO) e da ABNT, e no *Privacy Framework* do *National Institute of Standards and Technology* (NIST).

A implementação do *Framework* de Privacidade e Segurança da Informação do governo brasileiro se baseia em um ciclo iterativo de quatro etapas, inspirado no modelo PDCA (*Plan, Do, Check, Act*), que visa a promover a melhoria contínua dos processos de governança em privacidade e segurança da informação.

A primeira etapa, Autoavaliação, consiste em um diagnóstico inicial da maturidade do órgão em relação aos 31 controles do *Framework*. Essa autoavaliação é realizada por meio de um questionário, disponibilizado em uma ferramenta *online*, que permite ao órgão identificar seus pontos fortes e fracos em relação à proteção de dados pessoais e à segurança da informação.

A segunda etapa, Análise de Gaps, consiste em analisar os resultados da autoavaliação e identificar as lacunas, falhas ou oportunidades de melhoria em relação aos controles do Framework. Essa análise deve ser crítica e realista, considerando a complexidade do ambiente tecnológico do órgão e os recursos disponíveis.

A terceira etapa, Planejamento, consiste em elaborar um plano de ação para implementar ou aprimorar os controles do Framework, com base na análise de gaps. O plano de ação deve priorizar as ações mais urgentes e relevantes, definindo metas específicas, mensuráveis, atingíveis, relevantes e com prazos definidos (SMART). É fundamental que o planejamento considere a realidade institucional do órgão, incluindo aspectos como estrutura organizacional, processos de trabalho, sistemas de informação e recursos humanos e financeiros.

A quarta etapa, Implementação, consiste em executar as ações definidas no plano de ação, colocando em prática os controles e medidas de segurança e privacidade. É essencial que a implementação seja monitorada de forma contínua, para garantir que as ações estejam sendo executadas conforme o planejado e que os resultados esperados estejam sendo alcançados.

O ciclo de implementação do Framework é iterativo e contínuo, o que significa que, após a execução da quarta etapa, o órgão deve retornar à primeira etapa, realizando uma nova autoavaliação para verificar a evolução de sua maturidade e identificar novas oportunidades de melhoria.

O Framework de Privacidade e Segurança da Informação do governo brasileiro não se limita a orientar a implementação de controles e medidas de segurança e privacidade. Ele também permite que os órgãos e entidades da APF avaliem sua maturidade em relação a essas temáticas, a partir do cálculo de dois indicadores: o Índice de Maturidade em Segurança da Informação (iSeg) e o Índice de Maturidade em Privacidade (iPriv).

O cálculo do iSeg e do iPriv se baseia em uma análise em profundidade, que se inicia com a avaliação do nível de implementação de cada medida prevista nos 31 controles do Framework. Para cada medida, o órgão deve indicar se a adota "em maior parte ou totalmente", "em menor parte", "parcialmente", "há decisão formal ou plano aprovado para implementar", "a organização não adota essa medida" ou "não se aplica". A partir dessas respostas, é calculada uma pontuação para cada medida, que varia de 0 a 1.

Em seguida, é realizada a avaliação do nível de capacidade de cada controle, considerando a efetividade da implementação das medidas. O nível de capacidade varia de 0 a 5, sendo 0 a "ausência de capacidade" e 5 o "controle atingindo seu objetivo, bem definido, com medidas implementadas continuamente por meio de um processo e com desempenho mensurado quantitativamente por meio de indicadores". A partir do nível de capacidade, é atribuído um índice para cada controle, que varia de 0 a 100.

Finalmente, os indicadores iSeg e iPriv são calculados a partir da média ponderada das pontuações das medidas e dos índices dos controles, considerando a importância relativa de cada controle para a segurança da informação e para a privacidade. O iSeg e o iPriv variam de 0 a 1, sendo 0 o nível "Inicial" e 1 o nível "Aprimorado".

A avaliação de maturidade permite que os órgãos e entidades da APF tenham uma visão clara e objetiva de seu desempenho em relação à proteção de dados pessoais e à segurança da informação, identificando as áreas que demandam maior atenção e priorizando as ações de melhoria. Os indicadores iSeg e iPriv também permitem o acompanhamento da evolução da maturidade ao longo do tempo, demonstrando o progresso do órgão na implementação do *Framework*.

A adoção do *Framework* de Privacidade e Segurança da Informação do governo brasileiro pelos órgãos e entidades da APF traz consigo uma série de benefícios, que vão além da mera conformidade com a LGPD e a PNSI. Ao implementar o *Framework*, os órgãos demonstram seu compromisso com a proteção de dados pessoais e com a segurança da informação, construindo uma cultura de privacidade e segurança enraizada em seus processos e em sua cultura organizacional.

Dentre os principais benefícios da adoção do *Framework*, destacam-se:

Aumento da confiabilidade e proteção dos sistemas informáticos: a implementação dos controles de segurança cibernética do *Framework* auxilia na mitigação dos principais riscos e ameaças cibernéticas, reduzindo a probabilidade de incidentes de segurança que possam comprometer a disponibilidade, a integridade e a confidencialidade dos sistemas e dados da organização.

Aprimoramento da privacidade e proteção dos dados pessoais dos cidadãos: a implementação dos controles de privacidade do *Framework* garante que o tratamento de dados pessoais seja realizado em conformidade com a LGPD, respeitando os direitos dos titulares e protegendo suas informações pessoais contra acessos não autorizados, uso indevido e divulgação indevida.

Fortalecimento da confiança da população nos serviços públicos digitais: ao demonstrar seu compromisso com a proteção de dados pessoais e com a segurança da informação, os órgãos inspiram confiança nos cidadãos, que se sentem mais seguros ao utilizarem os serviços públicos digitais.

Disseminação de uma cultura de privacidade e segurança da informação na APF: a implementação do *Framework* contribui para a criação de uma cultura de privacidade e segurança da informação na APF, conscientizando os servidores públicos sobre a importância da proteção de dados pessoais e da segurança da informação, e estimulando a adoção de boas práticas em seu dia a dia.

Criação de uma linguagem comum de controles e medidas de privacidade e segurança: o *Framework* estabelece uma linguagem comum para os órgãos da APF em relação à privacidade e segurança da informação, facilitando a comunicação e a colaboração entre as diferentes instituições.

Aumento da confiança mútua para o compartilhamento de dados entre instituições públicas: a adoção do *Framework* pelos órgãos da APF contribui para o aumento da confiança mútua no compartilhamento de dados, uma vez que as instituições demonstram que possuem processos e controles adequados para a proteção das informações compartilhadas.

CONCLUSÃO

A mensuração da maturidade em proteção de dados, por meio de modelos e ferramentas como os apresentados neste artigo, é um passo crucial para que as organizações possam compreender seu posicionamento atual, identificar seus pontos fortes e fracos e traçar um plano de ação para alcançar níveis mais avançados de governança em privacidade e segurança da informação. A busca pela maturidade não deve ser vista como um evento pontual, mas sim como um processo contínuo de melhoria, que exige monitoramento, reavaliação e adaptação constante às mudanças no cenário tecnológico, regulatório e social.

Os modelos de maturidade do ICO, da CNIL e do governo brasileiro, apesar de possuírem abordagens e estruturas distintas, compartilham o objetivo de auxiliar as organizações a construírem programas de governança em privacidade e segurança da informação robustos e eficazes. A escolha do modelo mais adequado dependerá das características e necessidades de cada organização, levando em consideração fatores como porte, setor de atuação, complexidade do ambiente tecnológico e recursos disponíveis.

Independentemente do modelo escolhido, o mais importante é que as organizações assumam o compromisso com a proteção de dados pessoais e com a segurança da informação, implementando ações concretas para alcançar a maturidade em privacidade e segurança da informação. Ao fazerem isso, contribuirão para a construção de um ambiente digital mais seguro, ético e confiável para todos.

REFERÊNCIAS

BRASIL. 2024. Guia do *Framework* de Privacidade e Segurança da Informação: Programa de Privacidade e Segurança da Informação (PPSI). Brasília: Ministério da Gestão e da Inovação em Serviços Públicos. Secretaria de Governo Digital, 2024.

COMMISSION NATIONALE DE L'INFORMATIQUE ET DES LIBERTÉS. 2018. Autoévaluation de maturité en gestion de la protection des données: un modèle pour se positionner et choisir les actions à mener. Paris: s.n., 2018.

INFORMATION COMMISSIONER'S OFFICE (ICO). Accountability framework self-assessment. Disponível em: https://ico.org.uk/for-organisations/guide-to-data-protection/guide-to-the-general-data-protection-regulation-gdpr/accountability-and-governance/accountability-framework/. Acesso em: 16 jun. 2024.

INTERNATIONAL ASSOCIATION OF PRIVACY PROFESSIONALS (IAPP). 2022. Privacy Program Management: Tools for Managing Privacy Within Your Organization. Russell Densmore (ed.). 3. ed. Portsmouth: International Association of Privacy Professionals (IAPP), 2022.

CAPÍTULO 16
Avaliação de maturidade em proteção de dados

Luis Fernando Prado[1]

INTRODUÇÃO

Na era digital contemporânea, a importância da proteção de dados pessoais alcançou uma proeminência sem precedentes. A proliferação de violações de dados e o aumento das exigências regulatórias tornaram essencial a implementação de programas robustos de privacidade dentro das organizações, de forma a atender aos requisitos legais e de mercado.

No entanto, a eficácia desses programas depende da capacidade de medir e avaliar seu desempenho com precisão. Além disso, ferramentas de medição e constante avaliação de maturidade são essenciais para que equipes de privacidade consigam dimensionar esforços e investimentos, bem como sejam capazes de reportar a contínua evolução aos relevantes *stakeholders* (gestores, investidores, reguladores etc.).

Nesse contexto, o presente artigo explora, para além da importância de medir programas de privacidade, os meios para viabilizar a criação de métricas e metas relevantes. Por fim, o texto introduz alguns dos principais *frameworks* e padrões disponíveis para avaliar a maturidade dos referidos programas.

---

[1] Sócio no escritório Prado Vidigal Advogados. Professor convidado em IA e proteção de dados em diversas instituições de ensino superior. Profissional de privacidade (CIPP/E) certificado pela International Association of Privacy Professionals (IAPP). Possui mestrado (LLM) em Direito Digital e Sociedade da Informação pela Universidade de Barcelona. Especialista em Propriedade Intelectual e Novos Negócios pela FGV, com formação executiva em Cibersegurança pela mesma instituição. Coautor de diversas obras na matéria, como *Compliance Digital e LGPD*, *LGPD Comentada* e *Comentários ao GDPR* (Thomson Reuters).

1. A IMPORTÂNCIA DE SE MEDIR O PROGRAMA DE PRIVACIDADE

Cada vez mais o futuro da operacionalização da área de privacidade nas organizações dependerá da evolução contínua e da consolidação da maturidade dos programas de privacidade. Passada aquela fase dos projetos específicos voltados para estruturar e revisar processos e políticas com o fim de atender aos então novos requisitos legais da Lei Geral de Proteção de Dados (LGPD), as organizações comprometidas com o tema agora têm a missão de definir seus níveis de maturidade em cada aspecto que compõe um programa de privacidade.

Medir adequadamente o programa de privacidade contribui não apenas para a conformidade com as regulamentações, mas também para a criação de uma cultura organizacional que valorize e priorize a privacidade. Para tanto, as organizações precisam estabelecer uma série de indicadores que ajudem a monitorar e medir a eficácia das suas práticas de privacidade. Medir a eficácia do que foi implementado é essencial para identificar campos que necessitam de melhorias e garantir que os objetivos de privacidade da organização estejam sendo alcançados.

O caminho para que a definição dos níveis de maturidade seja viável passa pelo estabelecimento de metas claras e alcançáveis, permitindo que a organização faça ajustes proativos e melhore continuamente suas práticas de privacidade. Sem um "painel de controle" composto pelas metas e métricas definidas pela organização, a gestão da privacidade fica bastante dificultada, sendo praticamente impossível estabelecer prioridades e definir as próximas ações a serem adotadas.

A seguir, são apresentados os principais fatores que justificam o trabalho de medição de níveis de maturidade do programa de privacidade.

1.1. *Accountability* e prestação de contas

Leis de privacidade, em sua maioria, contam com disposições principiológicas que, embora sejam salutares para que a regulamentação não se torne rapidamente obsoleta, trazem o desafio de se apurar, com exatidão, se determinada organização está ou não em situação de conformidade regulatória.

Como ressaltei em outra ocasião[2], é tecnicamente impossível garantir que uma organização – com toda sua complexidade de atividades,

---
[2] PRADO, Luis Fernando. Sua organização não deve mais fazer um projeto de adequação.

recursos, interações com terceiros e documentos – esteja em conformidade com uma norma jurídica de ditames subjetivos e principiológicos. No caso brasileiro, a famigerada "adequação" à LGPD é, na verdade, uma utopia, um ideal a ser buscado, que, desde 2018, felizmente, vem fazendo as empresas aumentarem seus investimentos em proteção de dados pessoais.

Mesmo ao final de um bom "projeto de adequação", não se pode garantir que a organização que percorreu seus passos está, enfim, "adequada" à LGPD, uma vez que não há índices de conformidade oficiais que subsidiem tal declaração. Nesse contexto, contar com um mecanismo de avaliação de maturidade é essencial para que a organização seja capaz de demonstrar seus melhores esforços em seguir os ditames regulatórios. Por exemplo, ninguém consegue garantir que uma empresa está 100% adequada ao princípio da transparência previsto na LGPD, mas é possível medir – e ter como objetivo sua constante redução – quantas requisições relacionadas a pedidos de esclarecimentos sobre tratamento de dados foram feitas por parte dos titulares de dados no semestre passado.

1.2. Objetividade e clareza na gestão do programa

Objetividade e clareza na gestão de um programa de privacidade são fundamentais para garantir a eficácia e a eficiência das iniciativas de proteção de dados em uma organização. Para tanto, não há melhor remédio do que o estabelecimento de índices, números e classificações que indiquem a saúde das atividades, processos e políticas que compõem o programa.

Além disso, a medição do programa de privacidade reduz percepções inerentemente subjetivas e enviesadas de quem é responsável por guiá-lo. Não raro, observamos na prática empresas condicionadas a centrar seus investimentos de privacidade em eixos nos quais a organização já apresenta nível bastante satisfatório de maturidade, ao passo que outras rotinas menos vistosas acabam ganhando menos atenção e, consequentemente, gerando os maiores riscos para a empresa.

1.3. Confiança e reputação

Um programa de privacidade bem medido e transparente demonstra o compromisso da organização em proteger dados pessoais, sendo

---

Disponível em: https://www.linkedin.com/pulse/sua-organiza%C3%A7%C3%A3o-n%C3%A3o-deve-mais-fazer-um-projeto-de-adequa%C3%A7%C3%A3o-prado/. Acesso em: 21 jul. 2024.

algo bastante positivo para sua reputação junto a clientes, investidores e demais *stakeholders* externos.

1.4. Melhoria contínua

A melhoria contínua é um pilar fundamental da gestão eficaz da privacidade. Medir o programa de privacidade fornece *insights* sobre seus pontos fortes e fracos, permitindo que as organizações tomem decisões informadas sobre as melhorias necessárias. Ao estabelecer *benchmarks* e acompanhar o progresso ao longo do tempo, as organizações podem garantir que suas práticas de privacidade evoluam para enfrentar novas ameaças e mudanças regulatórias.

Como bem ressaltam Martin e Nissenbaum[3], essa abordagem dinâmica à gestão da privacidade é essencial para manter a proteção robusta dos dados a longo prazo. Além disso, a necessidade de melhoria contínua e a demonstração da progressiva evolução da maturidade da organização serão os elementos que justificarão constantes investimentos na área de privacidade e proteção de dados, sendo, portanto, importantes fundamentos para se justificar manutenção ou aumento de orçamento.

Por fim, ao assumir o compromisso de medir e melhorar continuamente o programa (inclusive para fortalecer a relação de confiança com *stakeholders* externos), a área de privacidade ganha grau de protagonismo e relevância que independe do argumento do *enforcement*, ou seja, ainda que a intensidade das atividades de fiscalização dos reguladores esteja diminuída, o tema de privacidade e proteção de dados continua em alta na organização.

2. COMO CRIAR METAS E MÉTRICAS PARA MEDIR O PROGRAMA DE PRIVACIDADE

Para que seja viável medir adequadamente o programa de privacidade, a estipulação de métricas e metas é tarefa primordial. Embora andem de mãos dadas, os conceitos de "metas" e "métricas" não se confundem. De maneira bastante resumida, pode-se considerar que metas são os objetivos esperados para o programa de privacidade, enquanto métricas representam as medidas quantificáveis que servem para se

---

[3] MARTIN, Kirsten; NISSENBAUM, Helen. *Measuring Privacy: an Empirical Test Using Context to Expose Confounding Variables*. Academic Commons, 2017. Disponível em: https://academic-commons.columbia.edu/doi/10.7916/ayfb-p414. Acesso em: 15 jul. 2024.

apurar o resultado de uma ação ou de um processo. Em outras palavras, as metas elencam os objetivos da organização para o programa de privacidade, sendo que as métricas representam aquilo que a organização apura para verificar se tais objetivos vêm sendo atingidos.

A seguir, passamos a enfrentar, de maneira mais específica, os passos para que uma organização conte com metas e métricas relevantes para seu programa de privacidade.

2.1. Indicadores-chave de desempenho (*KPIs*) e metas para o programa de privacidade

A criação de metas e métricas para um programa de privacidade começa com a identificação de indicadores-chave de desempenho (*KPIs*), que servem para medir os objetivos principais da organização para o tema. Após a definição dos *KPIs*, métricas adicionais podem ser estabelecidas para se acompanhar, de forma mais granular, as atividades que vêm sendo conduzidas pela organização para que sejam atingidos aqueles objetivos principais. Exemplo:

TÓPICO	Conscientização
OBJETIVO	Estabelecer uma cultura robusta de privacidade e proteção de dados na organização
KPI	Percentual de colaboradores treinados
MÉTRICAS	Número total de treinamentos realizados Número de colaboradores inscritos nos treinamentos Percentual de colaboradores que concluíram os treinamentos realizados (...)

Com objetivos, *KPI* e métricas estabelecidos, é importante que a organização defina metas a serem perseguidas em determinado período. Um ponto de atenção importante é evitar que sejam definidas metas inatingíveis, como aquelas que exigem que a organização vá do 0 ao 100 em apenas um ciclo de medição. Portanto, as metas podem ser definidas com base em evoluções gradativas das métricas que serão apuradas. No caso do exemplo acima, uma possível meta poderia ser realizar X treinamentos no período de seis meses, o que, muito provavelmente, não seria suficiente para já se estabelecer uma "cultura robusta de privacidade e proteção de dados na organização", mas, sem dúvidas, representaria um progresso em direção ao atingimento do objetivo estabelecido pela organização.

De toda forma, é importante que as metas sejam totalmente customizáveis à realidade da organização. Por exemplo, se a organização sofreu várias violações de dados no ano anterior, uma meta realista poderia ser reduzir o número de violações em 50% no próximo ano. Estabelecer metas customizadas e alcançáveis garante que o programa de privacidade permaneça focado e direcionado para a melhoria contínua.

Para tanto, pode-se utilizar a metodologia SMART, abordagem amplamente utilizada para definir e alcançar metas de maneira eficaz. A sigla SMART significa *Specific* (Específica), *Measurable* (Mensurável), *Achievable* (Atingível), *Relevant* (Relevante) e *Time-based* (Temporal), tal como explicado a seguir:

- **Specific (Específica):** metas específicas são bem definidas e claras, deixando pouco espaço para interpretações. Para que uma meta seja específica, deve, em geral, responder às perguntas: *o quê?*; *quem?*; *onde?*; *quando?*; e *por quê?*.

- **Measurable (Mensurável):** metas mensuráveis são acompanhadas por critérios que permitem avaliar o progresso. Em outras palavras, a meta deve ser permeada por indicadores que permitam responder à seguinte pergunta: "como saberemos quando a meta foi atingida?".

- **Achievable (Atingível):** metas atingíveis são realistas e possíveis de serem alcançadas, considerando os recursos e restrições disponíveis. Elas devem desafiar a equipe, mas também ser viáveis. Por exemplo, "treinar 100% dos colaboradores até o final do trimestre" é uma meta que deve ser criticamente avaliada quanto à disponibilidade de tempo e recursos para treinamento.

- **Relevant (Relevante):** metas relevantes são alinhadas com os objetivos gerais da organização e são importantes para o sucesso a longo prazo. Isso quer dizer que metas não devem ser um fim em si mesmo, mas sim caminhos para que a organização atinja objetivos maiores. Portanto, é necessário refletir sobre a real utilidade e o verdadeiro valor para organização em relação às metas estabelecidas.

- **Time-based (Temporal):** metas temporais têm prazos claros, o que ajuda a criar um senso de urgência e permite a avaliação do progresso dentro de um período definido. Perguntas como "o que pode ser alcançado nos próximos seis meses?" são úteis, portanto, para a definição de metas adequadas do ponto de vista temporal.

2.2. Possíveis métricas para o programa de privacidade

Como visto, definir metas e métricas são tarefas que andam de mãos dadas, pois, para estabelecer os desafios do programa, é necessário acompanhar os resultados que serão avaliados para seu atingimento.

Nesse sentido, há material elaborado pelo escritório Prado Vidigal Advogados[4] que lista, de forma bastante ampla, possíveis métricas para cada pilar do programa de privacidade. Abaixo estão algumas delas, de forma resumida e exemplificativa:

a) Inventário e mapeamento
- Número total e/ou percentual de sistemas mapeados;
- Tempo decorrido entre o surgimento de um novo processo e seu registro no inventário.

b) Conscientização
- Número total e/ou percentual de colaboradores treinados;
- Percentual de colaboradores com desempenho satisfatório em quiz sobre o tema.

c) Gestão de riscos
- Número total de avaliações de impacto realizadas;
- Percentual de fornecedores/terceiros avaliados.

d) Incidentes
- Número total e/ou percentual de incidentes por tipo/criticidade;
- Tempo médio para identificação e investigação de incidentes.

e) Direitos dos titulares
- Número total de solicitações recebidas e concluídas;
- Percentual de solicitações concluídas dentro do prazo estipulado.

3. *FRAMEWORKS* E PADRÕES PARA MEDIR A MATURIDADE DO PROGRAMA DE PRIVACIDADE

Uma vez estabelecidas as metas e métricas do programa de privacidade, cabe à organização avaliar os resultados obtidos e assim mensurar

---

[4] PRADO VIDIGAL ADVOGADOS. Medindo o programa de privacidade. Disponível em: https://pradovidigal.com.br/nossos-insights/medindo-o-programa-de-privacidade/. Acesso em: 19 jul. 2024.

níveis de maturidade para o tema. Nesse ponto, é importante que referidas avaliações sejam repetidas com base na mesma metodologia anteriormente adotada, de acordo com o período definido pela organização em suas políticas sobre o tema (p. ex.: 3 meses, 6 meses, 12 meses etc.). Com isso, a organização é capaz de fazer com que o processo de avaliação de maturidade tenha como resultado a melhoria contínua nos indicadores relevantes para privacidade e proteção de dados.

No mais, há *frameworks* e padrões aplicados pelo mercado que podem auxiliar organizações a estabelecerem seus níveis de maturidade em privacidade, sendo os principias deles:

- **NIST *Privacy Framework***[5]: o National Institute of Standards and Technology (NIST) *Privacy Framework* é uma ferramenta amplamente reconhecida para gerenciar riscos de privacidade que fornece uma abordagem estruturada para identificar e gerenciar riscos de privacidade, ajudando as organizações a construírem programas robustos de privacidade. O *framework* é baseado em cinco funções principais: Identificar, Governar, Controlar, Comunicar e Proteger. Essas funções orientam as organizações na implementação de práticas abrangentes de gestão de privacidade que se alinham com seus perfis de risco específicos e requisitos regulatórios.

- **AICPA/CICA *Privacy Maturity Model***[6]: este modelo desenvolvido pela American Institute of Certified Public Accountants (AICPA) e pelo Canadian Institute of Chartered Accountants (CICA) categoriza a maturidade de privacidade em cinco níveis: *Ad hoc, Repeatable, Defined, Managed* e *Optimized*.

- **CNIL *Privacy Maturity Self-Assessment Model***[7]: a Comissão Nacional de Informática e Liberdades (CNIL) da França disponibiliza seu próprio modelo de autoavaliação de maturidade de privacidade, que também pode ser um recurso útil para organizações que desejam avaliar e melhorar suas práticas de privacidade.

---

[5] Disponível em: https://www.nist.gov/privacy-framework. Acesso em: 19 jul. 2024.

[6] Disponível em: https://vvena.nl/wp-content/uploads/2018/04/aicpa_cica_privacy_maturity_model.pdf. Acesso em: 19 jul. 2024.

[7] Disponível em: https://www.cnil.fr/fr/la-cnil-propose-une-autoevaluation-de-maturite-en-gestion-de-la-protection-des-donnees. Acesso em: 19 jul. 2024.

CONCLUSÃO

A avaliação e medição de programas de privacidade são fundamentais para garantir a conformidade regulatória, promover uma cultura organizacional que valorize a proteção de dados e construir a confiança entre *stakeholders*. O desenvolvimento de métricas e metas claras e alcançáveis, bem como a utilização de *frameworks* reconhecidos, permite que as organizações não apenas mantenham um alto padrão de privacidade, mas também demonstrem seus esforços contínuos para melhorar suas práticas. A privacidade, assim, se torna parte importante da estratégia organizacional, garantindo a proteção robusta dos dados a longo prazo e justificando investimentos contínuos na área.

REFERÊNCIAS

CORPORATE FINANCE INSTITUTE (CFI). SMART Goal – Definition, Guide, and Importance of Goal Setting. Disponível em: https://corporatefinanceinstitute.com/resources/knowledge/other/smart-goal/. Acesso em: 21 jul. 2024.

ISACA. A Guide to Selecting and Adopting a Privacy Framework. Disponível em: https://www.isaca.org/resources/isaca-journal/issues/2022/volume-1/a-guide-to-selecting-and-adopting-a-privacy-framework. Acesso em: 21 jul. 2024.

MARTIN, Kirsten; NISSENBAUM, Helen. Measuring Privacy: an Empirical Test Using Context to Expose Confounding Variables. *Academic Commons*, 2017. Disponível em: https://academiccommons.columbia.edu/doi/10.7916/ayfb-p414. Acesso em: 15 jul. 2024.

NATIONAL INSTITUTE OF STANDARDS AND TECHNOLOGY (NIST). *Privacy Framework*. Disponível em: https://www.nist.gov/privacy-framework. Acesso em: 21 jul. 2024.

PRADO, Luis Fernando. Sua organização não deve mais fazer um projeto de adequação. Disponível em: https://www.linkedin.com/pulse/sua-organiza%C3%A7%C3%A3o-n%C3%A3o-deve-mais-fazer-um-projeto-de-adequa%C3%A7%C3%A3o-prado/. Acesso em: 21 jul. 2024.

PRADO VIDIGAL ADVOGADOS. Medindo o programa de privacidade. Disponível em: https://pradovidigal.com.br/nossos-insights/medindo-o-programa-de-privacidade/. Acesso em: 21 jul. 2024.

CAPÍTULO 17
A arte da proteção de dados: estratégias de *Privacy Operations* na governança de informações

Josué Santos[1]

INTRODUÇÃO

No cenário digital atual, a proteção de dados é essencial, já que a coleta, processamento e armazenamento de dados pessoais são cruciais para as operações de muitas empresas. A prática de *Privacy Operations* busca garantir que essas atividades estejam conforme leis e regulamentos de proteção de dados, assim, assegurando a privacidade e segurança das informações pessoais. Este artigo analisa em detalhes como gerenciar dados, mitigar riscos, promover transparência, validar processos e implementar os controles necessários para uma governança de proteção de dados eficaz.

1. DEFINIÇÃO DE *PRIVACY OPERATIONS*

A definição de *Privacy Operations* dentro do contexto das atividades de governança dos dados pessoais refere-se, minimamente, ao conjunto de três iniciativas: **a) práticas; b) processos; e c) políticas.** Todas essas iniciativas devem ser adotadas por uma organização para garantir a gestão eficaz e a proteção dos dados pessoais que coleta, processa e armazena. Esta disciplina é essencial para assegurar que as atividades relacionadas aos dados pessoais estejam em conformidade com as leis e regulamentos de proteção de dados, que aqui apresentamos no

---

[1] Head de Consultoria Blue Team, com MBA em Cibersegurança, especializado em Forense, Ethical Hacking e DevSecOps. Com mais de 10 anos de experiência em Segurança da Informação, é sócio e apresentador do TecSec Podcast. Especialista em Análise de Riscos, Gestão de Identidade e Políticas de Segurança, atua na implementação de RBAC e gestão de acessos utilizando Oracle OIM. Possui vasta experiência em infraestrutura de rede, incluindo LANs, WANs, *switches*, roteadores e Active Directory. Também é habilidoso na utilização de ferramentas de segurança como Gateway, SIEM, *firewall*, IPS e IDS.

contexto internacional, o Regulamento Geral sobre a Proteção de Dados (GDPR)[2] na Europa e a Lei de Privacidade do Consumidor da Califórnia (CCPA)[3] nos Estados Unidos, e, especialmente aqui no Brasil, em relação aos aspectos de governança, indicados no art. 50 da Lei Geral de Proteção de Dados Pessoais (LGPD)[4]. Alguns componentes são primordiais para que o *Privacy Operations* tenha efetividade.

A efetividade está atrelada a aplicação de PRÁTICAS que motivem a evolução e manutenção do programa de governança em privacidade e proteção de dados pessoais, sendo que essas práticas podem ser observadas com base nos seguintes aspectos relacionados às **Práticas** – que se são: "iniciativas "práticas" contribuem diretamente para a evolução dos controles e de iniciativas de *accountability*, cujo objetivo principal é fiscalizar, apurar e demonstrar o conjunto de ações adotadas pelas organizações.

Essas iniciativas visam avaliar a adequação das normas e regulamentações jurídicas aplicáveis aos procedimentos de tratamento de dados pessoais de uma organização específica. Para definir essa adequação, é possível mensurar por meio de algumas iniciativas, tais como:

- **Avaliação de Impacto sobre a Privacidade (PIA):** realização de avaliações para identificar e mitigar riscos associados ao tratamento de dados pessoais.

- **Treinamento de funcionários:** capacitar os funcionários sobre as melhores práticas de proteção de dados e conformidade regulatória.

---

[2] União Europeia. Regulamento Geral sobre a Proteção de Dados (GDPR). Regulamento (UE) 2016/679 do Parlamento Europeu e do Conselho. Disponível em: https://gdpr-info.eu/. Acesso em: 5 ago. 2024.

[3] CALIFORNIA. Consumer Privacy Act (CCPA). Departamento de Justiça da Califórnia. Disponível em: https://oag.ca.gov/privacy/ccpa. Acesso em: 5 ago. 2024.

[4] Brasil – Lei Geral de Proteção de Dados Pessoais (LGPD). "Art. 50. Os controladores e operadores, no âmbito de suas competências, pelo tratamento de dados pessoais, individualmente ou por meio de associações, poderão formular regras de boas práticas e de governança que estabeleçam as condições de organização, o regime de funcionamento, os procedimentos, incluindo reclamações e petições de titulares, as normas de segurança, os padrões técnicos, as obrigações específicas para os diversos envolvidos no tratamento, as ações educativas, os mecanismos internos de supervisão e de mitigação de riscos e outros aspectos relacionados ao tratamento de dados pessoais." Lei 13.709 de 2018, disponível em: https://www.planalto.gov.br/ccivil_03/_ato2015-2018/2018/lei/l13709.htm. Acesso em: 5 ago. 2024.

- **Gerenciamento de incidentes:** implementação de procedimentos para identificar, responder e notificar violações de dados de maneira eficiente.
- **Minimização de dados:** coletar e processar apenas os dados necessários para uma finalidade específica.
- **Anonimização e pseudonimização:** aplicar técnicas para reduzir a identificação direta dos indivíduos a partir dos dados coletados.

Desse modo, a prática dessas atividades deve determinar diretamente quais serão os processos observados, considerando a cultura e os valores de cada organização, bem como o apetite de risco apresentado. Por mais que uma organização baseie todas as suas atividades de tratamento de dados e estabeleça quais ações mitigatórias serão aplicadas, a evolução desse processo passará por um conjunto de regras que previamente devem ser estabelecidas, comumente chamadas de processos, os quais devem, no mínimo, contemplar os **Processos** – que têm por definição como "uma ordenação específica de atividades de trabalho no tempo e no espaço, portanto, devem ter começo, fim, insumos e resultados claramente identificados[5]", e, para o contexto de governança de dados pessoais, atribuiremos como contendo os seguintes pontos:

- **Ciclo de vida de dados:** gerenciamento de todas as fases do ciclo de vida dos dados, desde a coleta, armazenamento, uso, compartilhamento até a eliminação.
- **Solicitações de direitos dos titulares de dados:** estabelecimento de processos para responder a solicitações de acesso, correção, exclusão e portabilidade dos dados por parte dos titulares.
- **Gestão de consentimento:** implementação de mecanismos para obter, gerenciar e registrar o consentimento dos titulares de dados de forma clara e transparente.
- **Auditorias e revisões de conformidade:** condução de auditorias internas e revisões regulares para garantir a conformidade contínua com as leis e políticas de proteção de dados.

---

[5] Metodologia de Gestão de Processos, Conselho Nacional do Ministério Público, versão 4, 2016, p. 9. Disponível em: https://www.cnmp.mp.br/portal/images/forum_nacional_de_gestao/comites/CPGE/20160404_Metodologia_de_Gest%C3%A3o_de_Processos_4%C2%AA_vers%C3%A3o.pdf. Acesso em: 5 ago. 2024.

- **Avaliação de riscos:** realização de avaliações de risco contínuas para identificar potenciais ameaças à privacidade e implementar medidas mitigatórias.

Para garantir a manutenção dessas iniciativas práticas e a consolidação dos processos, é necessário adotar e elaborar políticas que apresentem de forma transparente cada uma das ações e atividades esperadas pela organização e seus parceiros de negócios. Essas políticas devem servir como fonte de consulta e referência para ações de tratamento de dados pessoais, levando em conta que os agentes de tratamento podem ter diferentes tamanhos e podem se envolver em atividades com diferentes níveis de risco.

A adaptação dessas políticas aos cenários específicos contribuirá efetivamente para o avanço da maturidade dos agentes e para a consolidação dessas iniciativas junto aos parceiros e colaboradores envolvidos. Entende-se por POLÍTICAS como sendo as "diretrizes estabelecidas por uma organização para orientar suas operações, comportamentos e processos internos. Essas políticas são documentadas para assegurar que as ações sejam consistentes com os valores, objetivos e obrigações legais da organização". Elas são essenciais para a gestão de riscos, cumprimento de regulamentos e promoção de boas práticas.

- **Política de privacidade:** descreve como os dados pessoais são coletados, usados, compartilhados e protegidos, estabelecendo os conceitos de transparência em relação ao tratamento dos dados pessoais.
- **Política de retenção de dados:** define os prazos para a retenção de diferentes tipos de dados pessoais e os procedimentos para sua eliminação segura.
- **Política de segurança da informação:** estabelece as diretrizes e práticas para proteger a integridade, confidencialidade e disponibilidade dos dados.
- **Política de resposta a incidentes:** apresenta o plano detalhado para responder a incidentes de segurança e violações de dados, incluindo notificações às autoridades e aos titulares dos dados.
- **Política de gerenciamento de terceiros:** define os controles e requisitos para o compartilhamento de dados com terceiros, assegurando que eles também cumpram as regulamentações de proteção de dados.

2. PRINCIPAIS COMPONENTES DE *PRIVACY OPERATIONS*

Mesmo diante de tantas iniciativas, à medida que os mecanismos internos das organizações são apresentados e colocados em prática, nota-se claramente que algumas dessas iniciativas ainda precisam ser implementadas para garantir sua plena eficácia. Além disso, políticas de retenção e destruição de informações precisam ser rigorosamente aplicadas para gerenciar o ciclo de vida dos dados.

A falta de implementação desses processos pode levar a um acúmulo desnecessário de dados e aumentar os riscos de segurança. Outro aspecto crucial é a condução de auditorias internas e revisões regulares para garantir a conformidade contínua com as leis e políticas de proteção de dados, uma prática que frequentemente não é realizada de forma consistente.

A transparência nas definições de políticas de privacidade também é uma área que necessita de maior atenção. Desenvolver políticas claras e compreensíveis e comunicá-las efetivamente a todos os *stakeholders* é vital para assegurar que todos entendam seus direitos e responsabilidades.

Portanto, para que essas iniciativas alcancem seu pleno funcionamento, é necessário um esforço contínuo para implementar e consolidar esses processos, garantindo assim uma gestão eficaz e conforme com os regulamentos aplicáveis. E ainda atendendo a iniciativas que se mostram plenamente necessárias, quais sejam:

1) **Conformidade legal:** as operações de privacidade garantem que a organização esteja em conformidade com as legislações aplicáveis de proteção de dados. Isso inclui a implementação de políticas de privacidade, procedimentos para resposta a solicitações de acesso a dados por parte dos titulares e a realização de avaliações de impacto sobre a privacidade.

2) **Gestão de dados:** envolve o controle e a monitorização do ciclo de vida dos dados, desde a coleta até a eliminação segura. Isso inclui a categorização de dados, a definição de políticas de retenção e a garantia de que os dados sejam armazenados de forma segura.

3) **Mitigação de riscos:** as operações de privacidade incluem a identificação e avaliação de riscos associados ao tratamento de dados pessoais. A organização deve implementar medidas técnicas e organizacionais adequadas para mitigar esses riscos, como a criptografia de dados, controles de acesso e a realização de auditorias regulares.

4) **Transparência:** manter a transparência é crucial para ganhar e manter a confiança dos titulares de dados. Isso implica informar claramente como os dados pessoais são coletados, usados, compartilhados e protegidos. As organizações devem fornecer políticas de privacidade acessíveis e compreensíveis.

5) **Validação de processos:** as organizações devem validar regularmente suas práticas de privacidade para garantir que estão funcionando conforme o esperado e em conformidade com as leis. Isso pode incluir auditorias internas, revisões de conformidade e testes de vulnerabilidade.

6) **Controles de segurança:** implementar controles de segurança eficazes é uma parte fundamental das operações de privacidade. Isso envolve o uso de tecnologias como *firewalls*, sistemas de detecção de intrusão, criptografia e ferramentas de monitoramento de segurança para proteger os dados contra acesso não autorizado e violações.

CONCLUSÃO

A operacionalização da governança em proteção de dados exige uma abordagem estratégica e abrangente, que inclui práticas robustas de gerenciamento de dados, mitigação de riscos, transparência, validação e controles rigorosos. Ao adotar essas práticas, as organizações podem garantir a conformidade regulatória, proteger a privacidade dos dados pessoais e construir uma reputação de confiança e responsabilidade no mercado digital atual.

REFERÊNCIAS

CALIFORNIA. Consumer Privacy Act (CCPA). Departamento de Justiça da Califórnia. Disponível em: https://oag.ca.gov/privacy/ccpa. Acesso em: 5 ago. 2024.

CONSELHO NACIONAL DO MINISTÉRIO PÚBLICO. Metodologia de Gestão de Processos. 4. ed. 2016. Disponível em: https://www.cnmp.mp.br/portal/images/forum_nacional_de_gestao/comites/CPGE/20160404_Metodologia_de_Gest%C3%A3o_de_Processos_4%C2%AA_vers%C3%A3o.pdf. Acesso em: 5 ago. 2024.

SINGER, P.W.; FRIEDMAN, A. *Cybersecurity and Cyberwar:* What everyone needs to know. Oxford University Press, 2014.

SMALLWOOD, R. F. *Information Governance:* concepts, strategies, and best practices. 2. ed. Wiley, 2019.

STALLINGS, W. *Network Security Essentials:* Applications and Standards. 5. ed. Pearson, 2014.

União Europeia. Regulamento Geral sobre a Proteção de Dados (GDPR). Regulamento (UE) 2016/679 do Parlamento Europeu e do Conselho. Disponível em: https://gdpr-info.eu/. Acesso em: 5 ago. 2024.

CAPÍTULO 18
Ferramentas avançadas para gestão de IA

Diego Santos[1]

INTRODUÇÃO

Ah, minha privacidade, minha querida privacidade... Uma parte intrínseca na construção de confiança nas relações humanas.

A privacidade é um valor humano fundamental na evolução das estruturas sociais e culturais. Desde os primórdios da evolução humana, em uma época em que a vida era muito mais comunitária e a privacidade pessoal limitada, já havia sinais da necessidade pessoal de abrigos para dormir ou se abrigar e de rituais espirituais e religiosos. Com o surgimento das primeiras civilizações estruturadas e organizadas de forma mais complexa, deu-se início a uma distinção mais clara entre espaços públicos e privados.

Os primeiros sistemas de escrita para manter registros pessoais e comerciais exigiam níveis de privacidade, mantendo documentos privados acessíveis apenas a pessoas autorizadas. Em castelos e mansões, a nobreza tinha espaços privados onde podiam ser retiradas da vida pública. Nos confessionários, pessoas podiam praticar a confissão privada com um padre, refletindo a importância da privacidade em questões espirituais e morais.

Como podemos observar ao longo da história, o ser humano passou a valorizar sua privacidade no avanço das sociedades estruturadas

---

[1] Especialista em transformar negócios por meio da tecnologia. Fundador da Cluster2GO, empresa dedicada a ajudar outras empresas a transformarem suas infraestruturas e aplicações utilizando o melhor da computação em nuvem. Vendeu a empresa para a Locaweb Company em 2018. Em 2020, assumiu o papel de CTO na Nextios. Em 2023, tornou-se responsável por Inovação e Novos Negócios Estratégicos na Wake, uma empresa do grupo LWSA, focada em fornecer tecnologias de Commerce para médias e grandes empresas, visando transformar a jornada de compra de seus clientes. Além disso, é investidor anjo, mentor e conselheiro. Sua missão de vida é apoiar empreendedores e empresas a prosperarem, transformando continuamente seus negócios por estratégias, pessoas e tecnologias.

e comunidades complexas e, principalmente, com a percepção do próprio indivíduo de fazer parte de algo maior sem abdicar de seus espaços únicos e momentos exclusivos.

Essa breve reflexão nos permite pensar mais amplamente sobre o valor da privacidade, uma visão holística dos grandes ciclos da metamorfose humana.

1. PRIVACIDADE NO INÍCIO DE UMA ERA DIGITAL

É curioso e, ao mesmo tempo, engraçado, observar como nós seres humanos valorizamos a privacidade, mas, ao mesmo tempo, temos a capacidade de deixar de lado a nossa tão valorizada privacidade – esse valor fundamental na construção das relações humanas –, seja pela euforia do momento, pelo desconhecimento da tecnologia, pela inocência ou pela ignorância do que não quer saber, ao aceitar os termos e condições dos *softwares* sem diligência.

Estou no mercado de tecnologia desde 1996/1997, com o nascimento da internet disponível democraticamente no Brasil, em meio ao *boom* do que chamamos atualmente de Web 1.0 (A Web Estática). Meu papel era o de ajudar as pessoas a se conectarem a Internet, ensiná-las o "bê-á-bá": como navegar nas páginas e nos buscadores, como enviar e receber e-mails e, principalmente, como se comunicar com outras pessoas por meio dos *chats* da época.

Era uma época em que não se falava sobre privacidade. Atribuo isso a quatro principais motivos:

(i) A euforia com a possibilidade de se comunicar instantaneamente com outras pessoas nos *chats*;

(ii) Formalizar acordos por e-mail ou em ter acesso a bibliotecas inteiras sem sair de casa;

(iii) O desconhecimento sobre o funcionamento dos computadores e a comunicação entre sistemas (muito distante da realidade naquele momento);

(iv) A pseudoanonimização que, supostamente, mantinha o sigilo entre as pessoas por apelidos (*nicknames*), de um computador (tela, teclado e *mouse*), e um fio de telefone conectado a um ambiente denominado Internet.

Uma falsa percepção de privacidade e segurança e, portanto, no subconsciente, que a nossa privacidade estava garantida.

Com base nesses itens, surgiu o que hoje chamamos de "sociedade da informação"[2], resultado das transformações e evoluções tecnológicas que permitiram às pessoas interagirem em um espaço virtual. Esse espaço passou a desempenhar um papel decisivo nas ações e na formação de opinião da sociedade, destacando-se pela quantidade de dados disponíveis e utilizados nesse ambiente. Isso resultou no *boom* dos aplicativos e *sites*.

2. O *BOOM* DOS APLICATIVOS E *SITES*

Em meados dos anos 2000, ouvi de um especialista em inovação e tecnologia indiano a frase: "O mundo é do *software*, não do *hardware*"[3]. Apesar de atualmente fazer todo o sentido, não posso dizer que era assim na época por diferentes razões e motivos. Existiam inúmeros desafios e restrições no desenvolvimento de aplicativos. Os *hardwares* eram muito limitados em processamento em memória, o que limitava o poder de experiência dos *softwares*. As ferramentas de desenvolvimento não eram tão acessíveis e, em muitos casos, era necessário pagar para ter acesso aos kits de desenvolvimento dos fabricantes de dispositivos e plataformas, tornando proibitivo para pequenos desenvolvedores. Cada plataforma tinha suas próprias ferramentas e linguagens de programação. Não havia lojas de distribuição de aplicativos integrado, era feito via lojas de terceiros, ou via instalação direta dos usuários. Sem contar a fragmentação entre dispositivos e versões do sistema operacional, tornando a compatibilização dos aplicativos praticamente impossível.

O lançamento do iPhone, em 2007, foi um marco tecnológico em tantos aspectos e dimensões que cabe a escrita de uma obra só sobre o tema. Inúmeros desafios citados acima foram resolvidos, o que possibilitou o *boom* no uso de aplicativos por parte das pessoas, ou melhor, dos consumidores (comumente conhecido como usuário). Era possível instalar, colocar seu e-mail e uma senha, e em poucos minutos ter em mãos um novo aplicativo a sua disposição. Sem dúvidas, uma grande força motriz da Web 2.0 (A Web Interativa e Social). Tomando a referência

---

[2] AZEVEDO, Ana. *Marco civil da internet no Brasil*. Rio de Janeiro: Alta Books, 2014, p. 1.
[3] Adaptação ao pensamento apresentado no artigo "Why software is eating the world", de Marc Andressen. Disponível em: https://a16z.com/why-software-is-eating-the-world/. Acesso em: 23 jul. 2024.

"there's only one minute in a minute", da obra *Blackberry*, de 2023, foi uma grande virada para o jogo dos dados.

O valor da privacidade se tornou mais presente à medida que as pessoas tomavam consciência de que estavam provendo inúmeras informações pessoais nos aplicativos e, principalmente, nas redes sociais. Por outro lado, pessoas continuam utilizando os aplicativos e as redes sociais desenfreadamente. Aqui vai uma reflexão: quantas vezes você lê os termos e as condições? E, quando lê, quantas vezes desiste de usar em detrimento das condições que você não concorda?

3. O VALOR DA PRIVACIDADE REPENSADA

Com o advento do Marco Civil da Internet, em 2014, e a Lei Geral de Proteção de Dados Pessoais (LGPD), em 2018, podemos dizer que, nós, pessoas, consumidores e usuários, demos um grande passo do ponto de vista legislativo, em relação aos princípios, direitos e deveres de cada um de nós, seja você uma pessoa física ou jurídica.

A transparência nas intenções, nos métodos e processos de uso de dados tem se mostrado cada vez mais relevante para as companhias, principalmente as *big techs*. O cerne da questão é sobre respeito e confiança: o que está combinado entre o que alguém permite, o que a empresa captura, e como ela garante a segurança do que foi capturado. Aqui, destaco três questões:

- **Transparência das empresas** é a base para a construção de relacionamentos de confiança. Sem confiança, um relacionamento não pode ser saudável ou duradouro. As empresas são responsáveis por deixar cristalino todos os combinados para com seus consumidores, isto é, utilizar linguagem clara e simples para que qualquer pessoa consiga entender por que, o que e como; cada *bit* e *byte*; cada dado, informação e comportamento está sendo capturado, transportado, armazenado e utilizado. Parece fácil, mas não é simples.

- **Consciência das pessoas**, consumidores e usuários a se responsabilizarem por aceitar ou não os combinados. Assim como você pode entrar em uma loja para comprar um produto, determinar os motivos pelo qual resultará numa compra ou não, você pode e deve fazer o mesmo em qualquer tipo de relação com uma empresa. Isto significa que é de nossa responsabilidade ler os termos e

as condições para entender e compreender o que está sendo combinado entre as partes. Parece óbvio, mas não é.
- **Gestão de risco mútuo** é crucial para evitar dor de cabeça. Vamos ser realistas: não existe nenhum aplicativo, *hardware*, sistema, plataforma, que possa ser considerado 100% seguro. Isto é impossível. Tivemos inúmeros episódios de vazamentos de dados ao longo da história que reforça a afirmação: Yahoo, 2013, 3 bilhões de contas comprometidas; Marriott International, 2018, 500 milhões de hóspedes afetados, Facebook-Cambridge Analytica, 2018, 147 milhões de pessoas afetadas; Adult Friend Finder, 2018, 412 milhões de contas; LinkedIn, 2021, 700 milhões de usuários; Sony PlayStation, 2011, 77 milhões de contas; Ticketmaster encontrou 560 milhões de registros à venda na Dark Web. Como podemos observar, não importa se você é uma *Big Tech* ou uma empresa comum, todos os sistemas estão potencialmente vulneráveis.

A gestão de risco mútuo é o salvaguarda que as partes precisam ter. As empresas precisam ser inteligentes para mitigar o risco entre operar as informações suficientemente necessárias em seus produtos e serviços para entregar a proposta de valor de seus produtos e serviços para o consumidor e, ao mesmo tempo, terem a plena ciência de que serão responsáveis pela segurança, privacidade e por qualquer tipo de vazamento de dados. Por outro lado, devemos ter consciência de que perdemos o controle da informação, uma vez que ela é compartilhada com qualquer que seja o aplicativo, rede social ou sistema.

4. A PRIVACIDADE NA ERA DA INTELIGÊNCIA ARTIFICIAL

Vamos entrar em uma nova era de paradigmas. A inteligência artificial terá uma abrangência, penetração e velocidade completamente diferente do que já vimos em qualquer era da Internet, e, portanto, os desafios relacionados à privacidade de dados serão exponenciais. Vamos entender melhor o pensamento: o ChatGPT foi lançado em 30 de novembro de 2022 e atingiu 1 milhão de usuários em apenas 5 dias[4];

---

[4] ChatGPT bateu 1 milhão de usuários em apenas 5 dias, diz OpenAI. Disponível em: https://www.tecmundo.com.br/software/259681-chatgpt-bateu-1-milhao-usuarios-5-dias-diz-openai.htm. Acesso em: 23 jul. 2024.

contra 2,5 meses do Instagram; 10 meses do Facebook; e 3 anos e meio da Netflix, segundo a Statista. Atualmente, existem 100 milhões de pessoas usando o ChatGPT semanalmente, segundo Sam Altman, CEO da OpenAI. Milhares de sistemas utilizam o ChatGPT como base em seus sistemas atuais (que não tinham AI), centenas de novas empresas nasceram em torno da Inteligência Artificial Generativa (Gen.AI). Além disso, estamos entrando na era das aplicações Micro-SaaS, aplicações feitas com Gen.AI, sem a necessidade de nenhuma linha de código desenvolvida por um programador.

A Inteligência Artificial Generativa requer grandes volumes e variedades de dados para treinamento e respostas eficientes. Só para você ter uma ideia, o GPT-3 tem 175 bilhões parâmetros, GPT-4 até 100 trilhões e o GPT-4 Omni está com 1,76 trilhões[5]. Esses dados podem vir de diferentes fontes e origens, podem ser informações únicas ou repetidas, incluir dados pessoais ou anonimizados e, mesmo quando anonimizados, técnicas avançadas de reidentificação podem ser usadas para rastrear indivíduos específicos, tornando a anonimização ineficaz. A OpenAI oferece uma Política de Privacidade, Segurança dos dados, uso de dados, controles para o usuário e segue conforme as regulações. E meu ponto não é questionar o quão bem a OpenAI executa cada uma dessas práticas, e sim alertar para a complexidade operacional relacionada à privacidade.

Recentemente, a Apple anunciou que a versão do iOS 18 terá OpenAI embarcado e disponível para todos os seus dispositivos (iPhone, iPad, Mac). Isto significa que consumidores Apple terão um potencial de uso da inteligência artificial nunca visto. Todas as ações e os comportamentos serão passíveis de monitoração. Navegação em páginas, envio de e-mails com assistência, recebimento dos seus e-mails, e até algo mais simples como um *screenshot*. Cliques? Teclas? Movimentação de *mouse*? Tempo de tela? Horários que você costuma tomar as ações? Localização? Eu, como consumidor da Apple, estou eufórico para utilizar, mas, por outro lado, é inevitável que eu me pergunte: e a minha privacidade? Como será a gestão de consentimento? Quanto custará tudo isso? Porque se for de graça, eu sou o produto (velha máxima). Terei a opção de dizer não em um mundo com rápidas transformações? Estou

---

[5] O GPT-4 é maior e melhor que o ChatGPT, mas a OpenAI não diz o porquê. Disponível em: https://mittechreview.com.br/o-gpt-4-e-maior-e-melhor-que-o-chatgpt-mas-a-openai-nao-diz-o-porque/. Acesso em: 23 jul. 2024.

convicto de que a Apple desenvolveu uma arquitetura de referência e políticas de privacidade que nos ajudará a ter mais confiança no sistema, mas, como descrevi anteriormente, nenhum sistema é absolutamente seguro.

Ficou clara a complexidade de nossas decisões?

Está clara a responsabilidade das empresas em relação às informações e ao oferecimento de políticas claras e transparentes?

Está clara a sua responsabilidade como indivíduo em ter consciência dos acordos e combinados que você tem o poder de decidir entre aceitar ou não?

5. PRINCÍPIO FUNDAMENTAL: PESSOAS, PROCESSOS E TECNOLOGIA

Como descrito nos tópicos anteriores, a privacidade é um valor fundamental para o ser humano – seja nas relações entres pessoas-pessoas ou pessoas-sistemas. Com a evolução da era industrial para a era da informação, com a revolução da Web Estática (1.0), a Web Interativa e Social (2.0), a Web Semântica e Inteligente (3.0), Web Ubíqua e Conecta (4.0) e, agora, em direção a Web Emocional e Consciente (5.0), o valor da informação e a necessidade de uma gestão responsável (de todas as partes) cresceu exponencialmente.

Ao mesmo tempo em que há a velocidade da inovação presente em todos os mercados em uma escala ridícula, a competitividade global em transformação para cenários ainda mais complexos e uma tecnologia habilitadora preparada para suportar produtos e serviços, também se cria um ambiente profundamente desafiador para a privacidade e para a segurança.

Os negócios precisam inovar, as pessoas precisam evoluir. Sem isso, sabemos que, com exceção das estatais e nichos muito específicos, não sobrevivem ao tempo sendo apenas como são. O problema é querer evoluir a qualquer custo e forma sem levar em consideração aspectos importantes para se manter privacidade e segurança.

Vamos pensar sob outro prisma: em geral, os projetos são apresentados com um plano de negócios que, principalmente, indica a taxa de retorno do risco do projeto. Segurança é um risco para qualquer tipo de projeto, e deve ser levada em consideração como parte do investimento necessário no plano.

Você pode estar lendo este texto e pensando: quais são as ferramentas avançadas para gestão de AI? Bem, baseado em minhas experiências, aqui é onde começa o problema. Pensamos em tecnologia, pensamos na solução – ferramentas são sinônimos de tecnologia. Quando falo sobre ferramentas, tenho como objetivo despertar um olhar mais amplo, nada sofisticado, porém muito poderoso. **O sucesso ou fracasso dos projetos dependem do tripé Pessoas, Processos e Tecnologia.**

Hoje, dia 19/07/2024, vivenciamos um dos maiores incidentes tecnológicos dos últimos tempos. A magnitude do impacto foi em escala global, afetando milhões de computadores com sistema operacional Windows (Microsoft diz 8,5 milhões) após uma falha na atualização no *software* de segurança cibernética, Falcon, da empresa Crowdstrike e grand a famosa tela azul da morte (Blue Screen of Death – BSOD), causando interrupções em setores críticos como aviação, mídia, serviços bancários, saúde e serviços de emergência. A empresa tinha valor de mercado em 83,5 bilhões de dólares (18/07), tem base significativa entre as empresas da Fortune 500 e perto de 30 mil clientes globalmente[6].

Falcon é uma plataforma robusta, 100% em nuvem, desenvolvida para fornecer proteção abrangente contra uma ampla gama de ameaças cibernéticas. Detecta e responde ameaças em tempo real, utilizando inteligência artificial para identificar e bloquear atividades suspeitas nos *endpoints* (servidores, *desktops*, *notebooks*) antes que possam causar danos significativos.

Uma simples atualização de *software* afetou milhares de empresas e milhões de pessoas. Acompanhei os usuários da plataforma Reddit divulgando relatos sobre os impactos em suas empresas ou em suas vidas pessoais, além de compartilharem suas experiências sobre os procedimentos necessários para que seus sistemas voltassem a funcionar.

Houve um relato que me chamou a atenção: "temos algumas dezenas de milhares de dispositivos impactados, todos com BitLocker ativado (ferramenta de criptografia de disco da Microsoft). As chaves de recuperação do BitLocker estavam no Active Directory, que também foi impactado pelo incidente". Em outras palavras, estavam sem acesso ao

---

[6] Entenda falha no sistema da CrowdStrike que causou apagão cibernético. Disponível em: https://agenciabrasil.ebc.com.br/geral/noticia/2024-07/entenda-falha-no-sistema-da-crowdstrike-que-causou-apagao-cibernetico. Acesso em: 23 jul. 2024.

AD, sem acesso às chaves de recuperação do BitLocker e, principalmente, sem condições de realizar o procedimento de contorno sugerido pela Crowdstrike.

Falcon é uma plataforma robusta e, sem dúvidas, é uma das ferramentas de tecnologia que eu indicaria para qualquer empresa analisar em seu contexto. Porém esse evento ajuda a ilustrar as inúmeras questões que servem como aprendizado para o futuro:

1) Falcon é uma plataforma extremamente robusta e confiável, mas também falha. Qual é o plano quando falhar? Exatamente o que você leu: QUANDO falhar, não SE falhar.

2) Alguém pensou no problema circular gerado entre o serviço Active Directory e BitLocker?

3) Como funciona o *modus operandi*? Existe melhoria contínua? Existe alguém questionando o sistema?

São tantas questões envolvidas... são tantas particularidades projeto a projeto...

Como disse anteriormente, **o sucesso ou o fracasso dos projetos dependem de mais dimensões e fatores do que apenas tecnologia.** E meu objetivo é destacar em alto nível o que considero vital quando o assunto é privacidade e segurança:

Começando por pessoas. Considero este um dos pontos mais críticos, não importa natureza, tipo e objetivo do projeto. Se queremos ter um projeto bem estruturado, em todas as perspectivas, precisamos ter pessoas competentes, bem orientadas e treinadas.

Competências. É claro que cada projeto tem seu grau de complexidade e, portanto, diferentes necessidades. Ter clareza das necessidades e buscar as competências necessárias desde o início do projeto ajudará a evitar retrabalho e dores de cabeça no futuro.

Orientação. Comunicação é um problema para qualquer tipo de projeto. Destacar os fundamentos e princípios, de modo a garantir entendimento, alinhamento e comprometimento das pessoas e times.

Treinamento. Preparação é chave para manter as orientações em dia e difundidas. Não estou falando, necessariamente, de treinamentos caros e formais, quero mais dizer sobre ter um plano claro de ensino. É uma corrente de eventos que levam ao sucesso com pessoas: colocar as pessoas certas no lugar certo do projeto; alinhar as expectativas e diretrizes do projeto; ajudar as pessoas a terem melhor entendimento sobre as orientações e desenvolver melhor suas capacidades.

Capítulo 18 • Ferramentas avançadas para gestão de IA

Agora falando de processos. Por mais capazes que as pessoas sejam, estejam em times bem organizados e sejam bem treinadas, definições feitas são perdidas, conhecimento sobre detalhes importantes não são disseminados, mudanças ocorrem em todas as fases, imprevistos, incidentes, problemas etc.

Processo é a base da documentação de um projeto. Precisa ser um guia prático do que fazer, quando, como, onde e, principalmente, quem deve fazer. Contribuindo para um resultado do pensamento crítico, ainda em fase de *design*, sobre todos os aspectos do projeto, o que está obrigatoriamente incluso, privacidade e segurança.

E, por fim, tecnologia, privacidade e segurança já tiveram seu início a partir do momento em que o projeto tenha levado em consideração os aspectos das pessoas e dos processos descritos acima. Mas, quando pensamos em tecnologia, o ponto de partida é a arquitetura de referência do produto. Alguns podem imediatamente pensar que estamos falando da estruturação do banco de dados, ou um diagrama com os componentes, ou fluxogramas demonstrando o fluxo das informações.

Arquitetura de referência (*Blueprint*) é um modelo ou um conjunto de padrões que serve como guia para a concepção, o desenvolvimento e a implementação de sistemas e soluções em determinada área ou domínio. Ela fornece uma estrutura comum que pode ser reutilizada e adaptada para diferentes projetos, garantindo consistência, interoperabilidade e eficiência. Uma arquitetura de referência tipicamente inclui:

1) **Componentes e módulos:** definição dos elementos básicos que compõem o sistema e suas funções.
2) **Interações e interfaces:** descrição de como os componentes se comunicam e interagem entre si.
3) **Padrões e melhores práticas:** diretrizes sobre como implementar os componentes e interações de maneira eficaz e eficiente.
4) **Casos de uso:** exemplos de aplicações e contextos em que a arquitetura pode ser aplicada.
5) **Modelos e diagramas:** representações visuais que ajudam a entender e implementar a arquitetura.

Com privacidade e segurança em mente, é fundamental destacar a arquitetura do sistema que visa separar as preocupações, as necessidades ou os interesses, dividindo o sistema em camadas. Cada camada tem ao menos uma regra de negócio e outra para as interfaces. Existem algumas boas ideias e *blueprints* de arquiteturas disponíveis para pesquisa, sendo um bom ponto de partida a "The Clean Architecture".

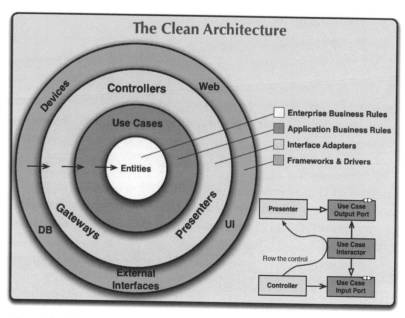

Fonte: The Clean Architecture, por Robert C. Martin. Disponível em: https://blog.cleancoder.com/uncle-bob/2012/08/13/the-clean-architecture.html. Acesso em: 23 jul. 2024.

A arquitetura de sistema será fundamental para a segurança e privacidade desde o começo. Desenvolver o pensamento crítico sobre cada camada do sistema, cada função, cada componente, e, principalmente, a delimitação do objetivo e acesso de cada um deles.

Alguns dos principais benefícios:

- **Minimizar** o acesso aos dados, coleta, armazenamento e processamento de dados pessoais ao mínimo necessário.
- **Desidentificação e anonimização** de dados pessoais, garantindo maior controle das informações sensíveis.
- **Controle de acesso** rigoroso, garantindo que apenas indivíduos autorizados possam acessar dados pessoais.

- **Transparência e consentimento**, facilitando a exposição de como os dados pessoais estão sendo utilizados e, principalmente, que as pessoas possam revogar o consentimento do que fizer sentido para elas.
- **Observabilidade, monitoramento e auditoria**, para detectar e responder a violações de privacidade e segurança, além de manter um registro de acessos e modificações de dados.
- **Flexibilidade e escalabilidade**, permitindo que novas regulamentações de privacidade e requisitos de proteção de dados sejam incorporados sem a necessidade de revisões significativas.

6. CICLO DE VIDA DOS DADOS

Seja qual for a arquitetura, quando o foco é privacidade e segurança, devemos considerar todos os estágios do ciclo de vida dos dados – da primeira captura, do trânsito, do armazenamento, do arquivamento, do expurgo, da destruição, além de considerar todo e qualquer tipo de acesso posterior a esses dados.

Como podemos observar, a complexidade para garantir a privacidade não é algo trivial e, portanto, devemos levar em consideração o princípio básico de que devemos coletar apenas os dados absolutamente necessários.

A arquitetura de sistema com foco preocupada em privacidade visa limitar o acesso a todo e qualquer tipo de dado pessoal. Autenticar e autorizar, restringindo, limitando e controlando acesso aos dados, são questões que devem ir muito além de uma tela de usuário e senha – temos que ser capazes de pensar sobre todos os desafios e riscos inerentes em cada camada.

7. UMA VISÃO HOLÍSTICA MUITO ALÉM DO SISTEMA

Usando a imagem abaixo, podemos observar que gerenciar os dados pessoais vai muito além de pensar nas camadas de desenvolvimento e banco de dados de um sistema.

Esta é uma referência muito utilizada para demonstrar a responsabilidade das empresas que desejam utilizar Cloud Computing da AWS – o mesmo princípio se aplica para Microsoft Azure, Google Cloud ou qualquer outra plataforma de Cloud.

Tudo o que exploramos até agora está focado apenas na categoria *CUSTOMER DATA* e *PLATFORM, APPLICATIONS, IDENTITY &*

ACCESS MANAGEMENT. Entretanto, entender e compreender cada uma dessas camadas será fundamental para o sucesso.

Focado no *CUSTOMER*, vou relacionar algumas sugestões de conceitos e ferramentas interessantes para ajudar nos desafios de cada camada.

AWS Shield

CUSTOMER RESPONSIBILITY FOR SECURITY 'IN' THE CLOUD	CUSTOMER DATA			
	PLATFORM, APPLICATIONS, IDENTITY & ACCESS MANAGEMENT			
	OPERATING SYSTEM, NETWORK & FIREWALL CONFIGURATION			
	CLIENT-SIDE DATA ENCRYPTION & DATA INTEGRITY AUTHENTICATION	SERVER-SIDE ENCRYPTION (FILE SYSTEM AND/OR DATA)		NETWORKING TRAFFIC PROTECTION (ENCRYPTION, INTEGRITY, IDENTITY)
AWS RESPONSIBILITY FOR SECURITY 'OF' THE CLOUD	SOFTWARE			
	COMPUTE	STORAGE	DATABASE	NETWORKING
	HARDWARE/AWS GLOBAL INFRASTRUCTURE			
	REGIONS	AVAILABILITY ZONES		EDGE LOCATIONS

Fonte: AWS Shield. Disponível em: https://docs.aws.amazon.com/pt_br/waf/latest/developerguide/shield-chapter.html. Acesso em: 23 jul. 2024.

CONCLUSÃO

Meu grande objetivo é o de despertar a importância de uma visão holística que compreende Pessoas, Processos e Tecnologia quando o assunto é privacidade e segurança. Adotar tecnologias com inteligência artificial que ajudem a superar os desafios relacionados são importantes e, em muitos casos, fundamentais. Mas adotar a tecnologia sem desenvolver adequadamente os pilares Pessoas e Processos é um "tiro no pé".

TODOS os membros de um projeto são responsáveis por desenvolver o pensamento crítico e garantir que a privacidade e segurança sejam a base desde o dia zero do projeto.

TODAS as fases são importantes para garantir que a privacidade e a segurança sejam levadas em consideração verdadeiramente – concepção, desenho, implementação e operação.

TODAS as camadas demonstradas são importantes, variando a complexidade de acordo com cada projeto e escopo de responsabilidade adotado. Por exemplo, se você está utilizando Cloud Computing, deixará de se preocupar com essas camadas e componentes (*RESPONSIBILITY FOR SECURITY "OF" THE CLOUD*).

Privacidade e segurança não são e nunca foram temas simplórios. Requerem o pensamento correto em todos os níveis hierárquicos da empresa, interesse em garantir a privacidade de seus consumidores e a segurança de seus produtos e serviços, investimento suficientemente necessário para implementar e manter uma operação que proteja seus clientes. Tudo isso aliado à tecnologia que forneça condições de se manter competitivo no mercado.

REFERÊNCIAS

ANDRESSEN, Marc. Why Software is Eating the World. Disponível em: https://a16z.com/why-software-is-eating-the-world/. Acesso em: 23 jul. 2024.

AZEVEDO, Ana. *Marco civil da internet no Brasil*. Rio de Janeiro: Alta Books, 2014.

Conclusão

Ao final desta jornada pelo universo da governança em proteção de dados e *operations*, esperamos ter ajudado a oferecer soluções práticas (embora nem sempre convencionais) e, acima de tudo, despertado em você, que nos lê, a convicção de que a privacidade e a proteção de dados podem ter um valor diferenciado, em todas as esferas de atuação.

Privacy Operations nasceu da experiência coletiva de profissionais dedicados que, ao longo dos anos, enfrentaram e superaram inúmeros desafios. Percorremos juntos temas cruciais, desde a análise detalhada das questões operacionais da LGPD até as estratégias avançadas de *Privacy Ops*, sempre com um olhar atento às demandas reais do ambiente corporativo. Exploramos a importância das métricas e a integração tecnológica, fornecendo ferramentas e técnicas para garantir a eficácia contínua dos programas de governança.

Abordamos a relevância de uma conscientização contínua e eficaz, discutimos como construir estruturas organizacionais robustas e políticas internas sólidas, e detalhamos o conceito de *Privacy by Design* como uma prática indispensável desde a concepção de qualquer projeto.

Nossa intenção foi equipá-lo com conhecimento e práticas que vão além da teoria, trazendo *insights* sobre a gestão de terceiros, a comunicação com autoridades reguladoras, a transparência por meio de *Legal Design*, e a construção de modelos de maturidade em proteção de dados.

A governança em proteção de dados é uma jornada contínua, que exige adaptação, inovação e um compromisso inabalável com a privacidade, proteção de dados, responsabilidade corporativa e a segurança. Esperamos que este livro tenha fornecido não apenas respostas, mas também inspirado novas perguntas e despertado em você o desejo de continuar explorando e aperfeiçoando suas práticas. Este livro destacou a horizontalidade dos temas, mostrando como eles permeiam diversas áreas e demandam uma visão integrada. Além disso, ressaltamos a necessidade de constante atualização, visto que o programa de privacidade é vivo e requer acompanhamento constante para se manter eficaz e relevante, tanto ao modelo de negócio que está aplicado, quanto aos titulares de dados pessoais impactados por estas atividades de tratamento.

Encerramos com um convite: continue a dialogar, compartilhar e inovar. A governança em proteção de dados é um campo dinâmico, e seu papel como profissional é crucial para moldar um futuro em que a privacidade e a proteção de dados sejam pilares fundamentais.

Agradecemos por nos acompanhar até aqui e esperamos que os *cases* e ideias aqui compartilhadas fortaleçam sua prática e inspirem um compromisso renovado com a excelência em proteção de dados. Por fim, deixamos um agradecimento ainda mais especial a cada Autor que permitiu o nascimento deste projeto conosco.

Com gratidão e expectativa por muitas trocas e discussões com todos os leitores da obra,

Aline Fuke Fachinetti
Rafael Marques
Tatiana Coutinho
Tayná Carneiro

Guia de consulta rápida *Privacy Ops*

Este guia de consulta rápida facilita a localização dos principais pontos abordados na obra, permitindo visibilidade dos temas, possíveis entregáveis a serem estruturados de *Privacy Ops* e pontos-chave relacionados aos principais aspectos do Programa de Governança em Proteção de Dados Pessoais.

TEMA	DESCRIÇÃO	EXEMPLOS DE ENTREGÁVEIS E PONTOS-CHAVE DE OPERACIONALIZAÇÃO
Programa de Governança LGPD	Análise do art. 50 da LGPD e sua importância no ambiente corporativo.	• Diretrizes para a criação de um programa de governança. • Art. 50 da LGPD.
Acompanhamento do Programa de Governança	Como garantir a eficácia contínua do programa.	• Estudos de caso e ferramentas de monitoramento.
Privacy Ops	Integração de aspectos operacionais de *Legal Ops* ao programa de proteção de dados.	• Mandala *CLOC* aplicada à *privacy*. • *Insights* de privacidade para profissionais de *Legal Ops*.
Métricas em Proteção de Dados	Identificação e definição de métricas relevantes.	• Exemplos de métricas, *OKRs* e estratégias de implementação. • *Dashboards* e Painéis de Controle.
Mapeamento e Registro das Operações de Tratamento	Cumprimento do art. 37 da LGPD e valor do registro de atividades.	• Modelos de registro da ANPD e abordagem operacional eficiente. • Devolutiva às áreas de negócio de eficiência e uso de dados.
Conscientização 5.0	Conscientização e aculturamento como a base para o sucesso do programa.	• Plano de Conscientização Anual. • Modelo de Maturidade de Conscientização (SANS).
Estruturas Organizacionais e Políticas Internas	Estabelecimento de estruturas e desenvolvimento de políticas internas.	• Políticas e Normas Internas. • Apresentações Institucionais. • Comitês.
Privacy by Design Operations	Conceito e adoção de práticas de *Privacy by Design* desde a concepção de projetos.	• *Frameworks* de *Privacy by Design*. • Formulário de Avaliação de Projetos. • Relatórios e Avaliações de Impacto à Privacidade e Proteção de Dados. • Fluxos simplificados.

Direitos dos Titulares	Garantia de que os direitos dos titulares sejam atendidos eficazmente.	• Modelos de fluxos, indicadores (p. ex.: SLAs) e procedimentos operacionais. • Padrão de Respostas
Gestão de Terceiros	Estratégias para gerenciar riscos de terceiros que tratam dados pessoais.	• Modelos de *due diligence*. • Fluxos de retorno. • Contratos adequados.
Comunicação de Incidentes e Relações Institucionais	Relações com a ANPD e comunicação em casos de incidentes.	• Plano de Resposta e Procedimentos de resposta a incidentes. • Modelos e Formulários de Comunicação. • Diretrizes de comunicação.
Gestão de Aderência e Interface com Segurança da Informação	*Frameworks* e melhores práticas para a interface entre *DPO* e SI.	• Exemplos de *frameworks* (NIST), parâmetros para *baseline*, e políticas de cibersegurança (PNCiber, Decreto n. 11.856/2023).
Frameworks de Transparência e *Visual Law*	Metodologias de transparência e aplicação de *legal design* em documentos de proteção de dados.	• Metodologia de *Design*. • Linguagem Simples. • Aplicação de *Legal Design*.
Modelos de Maturidade em Proteção de Dados	Exploração de diferentes modelos de maturidade e sua importância.	• Descrição de modelos como ICO, CNIL, e Índice de Maturidade LGPD.